新时代大学生国防教育书系

新时代国防教育理论

杨文哲　康　磊　编著

首都师范大学出版社
CAPITAL NORMAL UNIVERSITY PRESS

图书在版编目（CIP）数据

新时代国防教育理论 / 杨文哲，康磊编著. — 北京：首都师范大学出版社，2024.9

（新时代大学生国防教育书系）

ISBN 978-7-5656-8391-6

Ⅰ.①新… Ⅱ.①杨… ②康… Ⅲ.①国防教育—中国 Ⅳ.①E251

中国国家版本馆 CIP 数据核字（2024）第 106096 号

XINSHIDAI GUOFANG JIAOYU LILUN

新时代国防教育理论

杨文哲　康　磊　编著

责任编辑　林　尧

首都师范大学出版社出版发行

地　址　北京西三环北路 105 号

邮　编　100048

电　话　68418523（总编室）　68982468（发行部）

网　址　http://cnupn.cnu.edu.cn

印　刷　北京印刷集团有限责任公司

经　销　全国新华书店

版　次　2024 年 9 月第 1 版

印　次　2024 年 9 月第 1 次印刷

开　本　710mm×1000mm　1/16

印　张　13.25

字　数　193 千

定　价　49.00 元

总　序

国无防不立，民无防不安。伴随人类社会发展与安全需要，国防随之产生，成为维系国家、民族生死存亡的柱石。国防建设是中国现代化建设的一项战略任务，开展国防教育对建设和巩固国防发挥着基础工程的作用。

天下虽安，忘战必危。当今世界，军事革命迅猛发展，战争形态加速演变为信息化战争，并向智能化演进，速度之快、范围之广、程度之深前所未有。世界主要国家纷纷调整安全战略、军事战略，调整军队组织形态，力求抢占优势、赢得先机。当前，我国正处在由大向强发展的关键阶段，一些敌对势力无所不用其极，对我国采取战略围堵、经济压制、政治诋毁、文化渗透、科技封锁、网络破坏等各种手段，妄图遏制我国发展壮大。国防教育作为构筑民族精神的重要手段、体现国家意志的重要方式，政治属性十分鲜明。习近平总书记在言及中国近代历史时曾说："一看到落后挨打的悲惨场景就痛彻肺腑。"面对惨痛的历史教训、复杂的现实环境和民族复兴的重任，我们深刻意识到，必须筑起全民国防的心理长城，厚植强军兴军的群众基础。

时移则世异，世异则备变。开展国防教育应注重时代创新，真正使国防教育入脑入心。党的十八大以来，习近平总书记立足国家安全与发展战略全局，提出在推动军民融合深度发展国家大战略背景下加快深化国防教育改革，并将其纳入国防和军队改革总体布局，上升为党的意志和国家行为。习近平总书记在庆祝中国人民解放军建军 90 周年大会上强调："我们的国防是全民的国防，推进国防和军队现代化是全党全国人民的共同事业。中央和国家机关、地方各级党委和政府要强化国防意识，满腔热忱支持国防和军队建设改革，为强军创造良好条件、提供有力支撑。"党的十九大报告指出，我们的军队是人民的军队，我们的国防是全民的国防，要加强全民国防教育，巩固军政军民团结，为实现中国梦强军梦凝聚强大力量。这一论述为新时代加强全民国防教育提供了根本遵循，指明了前进方向。

高校国防教育是全民国防教育的重要组成部分，是实施素质教育的重要内容。实践表明，国防教育理论和军事技能训练在增强大学生国防意识、激发大学生爱国热情、提高大学生素质等方面发挥着重要作用，还肩负着启迪心智、凝聚共识、成风化人的神圣使命。迈进新时代，踏上新征程。作为国防教育理论研究者、军事指挥教员，有责任为国防教育尽心出力。在以中国式现代化全面推进中华民族伟大复兴之际，新时代大学生国防教育书系陆续问世，作为军事通俗理论读物，助力大学生国防教育，为全民国防教育添砖加瓦。

编　者

2022 年 4 月

前　言

高校国防教育是全民国防教育的重要组成部分，是实施素质教育的重要内容。2019 年 1 月 11 日，教育部与中央军委国防动员部印发了《普通高等学校军事课教学大纲》(教体艺〔2019〕1 号，以下简称《大纲》)，《大纲》以全面贯彻习近平强军思想、新时代军事战略方针、党的教育方针和总体国家安全观为根本指引，着眼培育和践行社会主义核心价值观，引导新时代大学生树立正确的国家安全观，夯实未来一代的国防意识和军事素养。

本书把握新时代、新使命、新征程的根本要求，紧跟国防和军队改革新形势，坚持把习近平新时代中国特色社会主义思想作为主课程，充分发挥其思想火炬、时代灯塔的引领力，贯穿国防教育的全过程、各方面，弘扬“爱我人民爱我军、同心共筑中国梦”的主基调，夯实“建设什么样的国防、维护什么样的和平、打赢什么样的战争”的思想基础，始终确保全民国防教育正确的政治方向，着眼于内容为本的理念，把反映新时代国防和军队改革的新知识、新内容、新成果充实进来，明确高校开展国防教育的必要性和目标，让学生了解掌握军事基础知识和基本军事技能，以增强青年大学生的国防观念、国家安全意识和忧患危机意识，弘扬爱国主义精神、传承红色基因，提高综合国防素质。

由于国防教育研究和实践需要不断深化、突破和创新，因个人学术和研究水平有限，本书在编写过程中难免存在不足之处，希望国防教育领域的专家和广大读者提出批评和意见建议，以便我们不断深化认识和修改完善。

编　者

2022 年 4 月

前 言

高校国防教育是全民国防教育的[illegible]，是[illegible]教育的重要内容。2019年1月[illegible]，教育部、[illegible]印发了[illegible]

[illegible]

[illegible]

编 者

[illegible]年1月

目　　录

第一章　新时代中国国防相关法规

国防法规是调整国防和武装力量建设领域各种社会关系的法律规范的总和，是国家法律体系的重要组成部分，是加强国防和武装力量建设的基本依据。在依法治国理念越来越深入人心的大环境中，国防法规对于加强国防和军队建设，做好新时期军事斗争准备，发挥着越来越重要的作用。

2021年1月1日，新修订的《中华人民共和国国防法》《中华人民共和国退役军人保障法》正式实施。2021年10月1日，第三次修正的《中华人民共和国兵役法》开始实施。这一切标志着我国国防相关法规建设进入新时代，对于增强全民国防意识，保障国防教育顺利开展，推动国防和军队建设，有着重要作用。

第一节　国防法规概述

一、国防法规的演变

国防法规是随着国防的产生而产生的。国防活动的主要形式是军队建设和军事斗争，因此，国防法规也可以称作军事法规。古代典籍中有“刑始于兵、师出于律”的记载，表明军事法规产生于战争实践。

我国奴隶社会的军事法规，主要表现形式是临战前统治者发布的誓师文诰，如《尚书》中的甘誓、汤誓、牧誓、大诰、费誓等。这些既是战争动员令、讨敌檄文，也是最初的军事法规。

进入封建社会，军事法规的主要形式发生明显改变，临时性的军事誓言已被稳定的成文法所取代，如《秦律二十九种》就包括《戍律》、《军爵律》

和《傅律》等多部军事法律。同时，军事立法、司法以及监督制度开始建立，军事法规的调整范围不断拓展，军事法制逐步完善。

近代中国跟随世界军事发展的历史潮流，借鉴西方国家法律治军。1933年6月，国民政府颁布我国历史上第一部《兵役法》。

中华人民共和国成立之初，国家就着手制定国防法规，很快就颁布了《兵役法》、《民兵组织条例》以及军队的一些条令条例。特别是最近30多年，国家加大国防立法工作的力度，制定一系列国防法律、规章，使国防和武装力量建设走上法制化轨道。

二、国防法规的特性

国防法规是国家法律的重要组成部分，是由国家制定或认可的，并由国家强制力保证其实施的行为规范，既具有法律的一般特性，即普遍的适用性、相对的稳定性、高度的权威性、严格的强调性，还具有区别于其他法规的特殊性质，主要表现在以下四个方面。

(一)公开程度的有限性

一般的法律都是公开的，以便全体公民熟悉和遵守。从整体上看，国防法规也有公开性，但与其他法律相比，国防法规的公开程度比较低。一些涉及军事机密的国防法规只限定有关人员知晓，如关于作战、训练、军队编制、军事装备以及国防科研等方面的法规都具有保密性。为加强国防法治建设，对能够公开的国防法规应积极宣传，力求人人皆知；对于不能公开的国防法规应严格保密，以维护国家的安全利益。

(二)调整对象的军事性

法律是调整社会关系的行为规范，不同的法律规范用来调整不同领域的社会关系，国防法规所调整的是国防和武装力量建设相关领域的各种社会关系，包括武装力量内部的社会关系、武装力量与外部的社会关系等。这些带有军事性的社会关系是国防法规特有的调整对象，是其他任何法律规范所不能代替的，这是国防法规特性的一个基本表现。

调整对象的军事性并不意味着国防法规只管军队，不管地方。国防是国家行为。国防和军队建设及斗争领域的社会关系是军事性的，但这些社会关系所涉及的行为主体并不都是军队和军人，政治、经济、外交、科技、农业、教育等各个部门和社会各阶层人士都与国防有关。因此，一切社会团体和个人都必须按照国防法规的要求，履行自己的国防义务。

(三)司法适用的优先性

国防法规优先适用，是指在解决与国防利益、军事利益有关的法律问题时，如果国防法规和普通法规都有相关规定，要以国防法规的规定作为评判是非的标准和采取行动的准则。优先适用不是指先后顺序，而是一种排他性的单项选择。在涉及国防利益、军事利益的案件中，只适用国防法规，不适用普通法。“特别法优先于普通法”是国际公认的法律适用原则。国防法规属于特别法，因而在司法程序上实行“军法优先”。

(四)处罚措施的严厉性

国防法规所保护的国防利益，是关系国家兴衰存亡的、最根本的国家利益，因而对危害国防利益的犯罪实行严厉处罚。如《刑法》规定，抢劫罪通常处4年以上10年以下有期徒刑；而冒充军警人员抢劫的，抢劫军用物资的，处10年以上有期徒刑、无期徒刑或死刑。

同一类型的犯罪，战时的处罚要更严厉一些。《刑法》和《兵役法》都有战时从重处罚的规定。如应征公民拒绝、逃避征兵的，若拒不改正，不得被录取为国家公务员、聘用为国有企业职工和事业单位工作人员，两年内不得出国或升学复学，并处以罚款；而战时要依法追究刑事责任。

三、新中国的国防法规体系

国防法规体系是指由不同层次、不同门类的国防法律规范构成的相互联系、相互制约、和谐一致的有机整体。

我国的国防法规，按立法权限区分为四个层次。第一个层次是法律，由全国人民代表大会及其常务委员会制定。第二个层次是法规，由中央军委制定的为军事法规，由国务院制定或国务院与中央军委联合制定的为军事行政法规。第三个层次是规章，由中央军委职能部门、各军兵种、各战区制定的为军事规章，由国务院有关部委与中央军委职能部门联合制定的为军事行政规章。第四个层次是地方性法规，主要指由各省(直辖市、自治区）人民代表大会及其常务委员会制定的，贯彻执行国家国防法规的实施办法、实施细则、补充规定等。

我国的国防法规按调整领域划分为16个门类，分别是：国防基本法类、国防组织法类、兵役法类、军事管理法类、军事刑法类、军事诉讼法类、国防经济法类、国防科技工业法类、国防动员法类、国防教育法类、军人权益保护法类、军事设施保护法类、特别行政区驻军法类、紧急状态法类、战争法类、对外军事关系法类。

第二节　国防法

2021年1月1日，新修订的《中华人民共和国国防法》实施。该法是我国新时代的第一部国防法，鲜明体现我国国防的时代性，充分体现我国国防的正义性，全面体现我国国防的全民性。该法把新时代党关于“加强全民国防教育”的政策主张上升为法律规定，更加强调国防教育的全民性。

该法共十二章七十三条，主要规定国防活动的总则，国家机构的国防职权，武装力量，国防科研生产和军事采购，国防经费和国际资产，国防教育，国防动员和战争状态，公民、组织的国防义务和权利，军人的义务和权益以及对外军事关系等。

《国防法》是根据宪法制定的一部综合性的调整和规范国防与军队建设的基本法。它是用来调整和指导国防领域中各种社会关系的基本法律规范，在国防法规体系中起着核心作用，是其他军事立法的基本法律依据。

一、国防活动的基本原则

国防活动的基本原则是由《国防法》确认和体现的、对国防活动具有普遍指导意义的行为准则，反映国防法的本质和基本精神。《国防法》所确认的我国国防活动的基本原则有以下五项。

（一）积极防御

积极防御原则表明我国国防的防御性。我国国防是以保障国家安全、维护地区稳定和世界和平为目标，实行防御性的军事战略。但是，这种防御是积极的，不是消极的。其积极性不仅表现在以积极进攻的作战行动来达成战略防御目的，而且表现在战争爆发之前采取积极措施制止战争发生。

(二)独立自主

独立自主原则表明我国国防的自主性。坚持独立自主，就是立足于依靠自己的军事力量保障国家安全，不与任何国家或国家集团结盟，不加入任何军事集团，保持国防事务的完全自主权。独立自主不是闭关自守，不排除引进外国的先进军事技术和装备。在以我国为主的基础上，有选择地引进外国的先进军事技术和装备，有助于提高我国自力更生的能力，有助于推进国防现代化建设进程。

(三)全民防卫

全民防卫原则表明我国国防的人民性。坚持全民防卫，就是要继承和发扬人民战争的优良传统，依靠广大人民群众的力量进行国防建设，一旦发生战争，动员广大人民群众实行全民自卫。

(四)协调发展

协调发展原则表明我国国防的整体性。国防发展既是国家整体发展的组成部分，又依赖于国家的整体实力。实行协调发展，就是把国防建设纳入到国家经济和社会发展总体规划之中，在集中力量进行经济建设的同时，不忘重视国防建设，使国防建设与经济建设相互促进，共同发展。

(五)统一领导

统一领导原则表明我国国防的集中性。只有国家对国防活动实行统一领导，才能凝聚全国人民的意志，汇集方方面面的力量，万众一心地建设和巩固国防。

国家对国防活动的领导与党的领导是一致的。中国共产党是人民根本利益的代表者，《宪法》确立中国共产党的领导地位，《国防法》明确“中华人民共和国的武装力量受中国共产党领导”。在我国，国防法律和国防政策是在党的领导下制定的，国防法律和国防政策也是在党的领导下实施的，国家领导人由党中央主要领导人担任，党的中央军委与国家中央军委是一个机构两个名称。因此，党对国防的领导与国家对国防的领导在思想上、组织上是完全统一的。

二、公民、组织的国防义务和权利

公民、组织的国防义务，是指由宪法和法律规定的公民、组织在国防活动中必须履行的责任，由国家强制力保证其落实。公民、组织的国防权利是指宪法、法律赋予公民、组织在国防活动中享有的权利或利益，国家从法律和物质上保障公民享有这种权利的可能性。

国防是国家生存和发展必不可少的条件，每一个公民和社会组织都必须承担相应国防义务；公民和组织在履行国防义务的同时，也享有相应的国防权利。

(一)公民、组织的国防权利

根据《国防法》规定，公民和组织享有三方面的国防权利：对国防建设提出建议的权利；对危害国防利益的行为进行制止或者检举的权利；因国防建设和军事活动在经济上受到直接损失的，可以依照国家有关规定获得补偿。

(二)公民、组织的国防义务

根据《国防法》规定，公民和组织需要承担七项国防义务：①兵役义务；②承担国防科研生产任务、接受军事采购，按要求提供符合质量标准的武器装备或者物资、工程、服务的义务；③依法保障国防建设和军事行动；④接受国防教育的义务；⑤保护国防设施的义务；⑥保守国防秘密的义务；⑦支持国防建设、协助军事活动的义务。其中，①⑤⑥⑦项是公民和组织共有的义务，④项是公民特有的义务，②③项是组织特有的义务。

三、国防动员

《国防法》第五十二条规定："国家依照宪法规定宣布战争状态，采取各种措施集中人力、物力和财力，领导全体公民保卫祖国、抵抗侵略。"国防动员就是国家由平时状态转入战时状态，统一调动人力、物力、财力为战争服务而采取的紧急措施。国防动员是国防潜力转化为国防实力的桥梁，平时充分做好国防动员的准备，战时快速高效地实施动员，对于维护国家的统一与安全具有极其重要的意义。《国防法》设专章对国防动员做了原则规定。

(一)国防动员类型

《国防法》第四十七条规定："中华人民共和国的主权、统一、领土完整、安全和发展利益遭受威胁时，国家依照宪法和法律规定，进行全国总动员或者局部动员。"全国总动员和局部动员是按动员规模划分的两种基本的动员类型。

总动员是国家在全国范围内实施的全面动员，通常是在国家面临大规模战争的威胁、需要动员全国的力量进行战争时实施。局部动员是国家在部分地区或某些部门实施的动员。

总动员通常是在国家面临局部战争威胁、需要动员国家的部分力量进行战争时实施。总动员不一定只与全面战争相联系，关系国家前途命运的大规模局部战争也需要全国总动员。我们未来可能面临的维护国家统一的战争，在有外部强敌干预的情况下，尽管是一场局部战争，也需要进行总动员，以集全国之力，确保战而胜之。

(二)国防动员机构

国防动员机构，是指国家为领导国防动员而建立的组织系统。主要有三个层次：

一是动员决策机构。根据《国防法》的规定，我国国防动员的决策机构和职能是：全国人民代表大会依照宪法规定，决定战争与和平问题；全国人民代表大会常务委员会依照宪法规定，决定战争状态的宣布，决定全国总动员或者局部动员；中华人民共和国主席根据全国人民代表大会的决定和全国人民代表大会常务委员会的决定，宣布进入紧急状态，宣布战争状态，发布动员令；国务院和中央军事委员会共同领导动员准备和动员实施工作。

二是动员协调机构。国务院和中央军事委员会建立协调机制，解决国防事务的重大问题。中央国家机关与中央军事委员会机关有关部门可以根据情况召开会议，协调解决有关国防事务的问题。地方各级人民政府和驻地军事机关根据需要召开军地联席会议，协调解决本行政区域内有关国防事务的问题。军地联席会议由地方人民政府的负责人和驻地军事机关的负责人共同召集。军地联席会议的参加人员由会议召集人确定。军地联席会议议定的事项，由地方人民政府和驻地军事机关根据各自职责和任务分工办理，重大事项应当分别向上级报告。

三是动员执行机构。《国防法》第十八条规定：“地方各级人民代表大会和县级以上地方各级人民代表大会常务委员会在本行政区域内，保证有关国防事务的法律、法规的遵守和执行。地方各级人民政府依照法律规定的权限，管理本行政区域内的征兵、民兵、国民经济动员、人民防空、国防交通、国防设施保护，以及退役军人保障和拥军优属等工作。”

根据这一规定，地方各级人民政府是组织实施国防动员的主要执行机构。为保证国防动员工作的顺利进行，我国在军队系统中也建有比较完备的动员机构，在国务院、中央军委和地方各级人民政府的领导下承办国防动员工作。省军区(警备区、卫戍区)、军分区、县(市、区)人民武装部是各级行政区域的军事领导指挥机关和党委的军事工作部，兼同级人民政府的兵役机关，是军队系统中负责国防动员的主要工作机构，平时负责国防动员的计划准备，战时负责国防动员的组织实施。

(三)国防动员准备

国防动员准备是在动员实施之前进行的筹划、安排和采取的措施，是动员实施的前提和基础。平时没有充分动员准备，战时就不可能实施快速高效动员。

《国防法》第五十条规定：“国家国防动员领导机构、中央国家机关、中央军事委员会机关有关部门按照职责分工，组织国防动员准备和实施工作。”

根据这一规定，国防动员准备应贯彻平战结合、军民结合、寓兵于民的方针，在增强经济实力的同时，为战时的快速动员创造条件。人民武装动员准备，主要是加强民兵和预备役部队建设，储备数量充足、质量较高的后备兵员；国民经济动员准备，主要是加强国防经济基础建设，搞好军民两用技术的开发，增加技术储备，保持必要的战略物资储备；人民防空动员准备，主要是建立和完善人防警报、指挥系统，组训人防专业队伍，搞好人防工程建设；国防交通动员准备，主要是加强国防交通网建设，搞好运输潜力调查，制定技术改造方案；政治动员准备，主要是加强全民国防教育，不断增强广大干部群众的国防观念和忧患意识，为国防动员奠定坚实的思想基础。同时，还应进行必要的动员演练，检验和改进动员准备，提高动员能力。

(四)国防动员实施

动员实施是国防动员的决定性阶段，是一切动员准备的着眼点和归宿。现代战争特别是信息化条件下智能战争的复杂性，要求战时动员必须快速、高效地实施。

《国防法》第五十条规定："一切国家机关和武装力量、各政党和各人民团体、企业事业组织、社会组织、其他组织和公民，都必须依照法律规定完成国防动员准备工作；在国家发布动员令后，必须完成规定的国防动员任务。"

动员令是由国家最高权力机关决定，以国家元首名义宣布的关于全国或部分地区由平时状态转入战时状态，统一调动各种资源进行战争准备的命令。国家发布动员令以后，各级人民政府、各级军事机关，必须迅速实施动员。现役军人停止退出现役，休假、探亲的军人必须立即归队；预备役人员随时准备应召服现役，在接到通知后，必须准时到指定的地点报到；机关、团体、企业事业单位和乡、镇人民政府负责人，必须组织本单位被征召的预备役人员，按照规定的时间、地点报到；交通运输部门要优先运送应召的预备役人员和返回部队的现役军人。

国防动员是由多个领域的动员活动组合而成的系统工程。人民武装动员是保障军队扩充的基本途径，国民经济动员是保障战争物质需求的主要手段，人民防空动员是保存战争潜力的重要措施，国防交通动员是保障军队机动和作战行动的关键因素，政治动员既是国防动员的一项重要内容，又为整个国防动员提供思想保证。各个领域的动员是相辅相成、密切相连的。应该把各领域的动员有机地结合起来，统筹规划，全面实施，使有关部门、有关行业协调一致地参加和支援战争。

第三节　兵役法

兵役法是国家关于公民参加军队和其他武装组织或在军队外接受军事训练的法律。它是根据国家具体情况和军事战略需要，确定实行的兵役制度，规定公民服兵役的条件形式、期限，后备力量建设体制，以及公民由服兵役而产生的权利和义务等，并用法律形式固定下来。制定兵役法的目的在于保障军队平时和战时的兵员补充，加强国家武装力量建设，保障国防经济建设顺利进行。

2021 年 10 月 1 日，第三次修正的《中华人民共和国兵役法》开始生效实施。该法共十一章六十五条，主要规定我国的兵役制度，公民的兵役义务和权利，兵员的平时征集和战时动员，预备役人员的军事训练，高等院校和高级中学学生的军事训练，服役待遇和抚恤优待，退役军人的安置，法律责任等。

一、兵役制度

《兵役法》第三条规定："中华人民共和国实行以志愿兵役为主体的志愿兵役与义务兵役相结合的兵役制度。"

义务兵役制，是指国家法律要求公民在一定年龄内必须服一定期限兵役的制度，具有强制性；志愿兵役制，是指公民本着自愿原则、根据军队需要确定其服现役期限的制度，不具有强制性。义务兵与志愿兵相结合，是对单一的义务兵役制的发展和补充。实行这一制度，现役士兵仍以义务兵为基础，义务兵服现役期满，根据军队需要和本人自愿，可以改为志愿兵。志愿兵也可以直接从地方非军事部门具有专业技能的公民中招收。实行义务兵役与志愿兵役相结合的制度，既保留义务兵役制度的优点，有利于部队兵员年轻力壮、朝气蓬勃，又弥补义务兵役制的不足，有利于保留技术骨干，提高职业化程度，加强军队质量建设。

民兵是中国人民解放军的助手和兵备力量。我国农村乡、镇和城市企业事业单位均建立民兵组织。预备役是公民在军队以外所服的兵役，是国家储备兵备兵员的一种形式。预备役分为军官预备役和士兵预备役，并分别区分一类预备役和二类预备役。民兵与预备役相结合，就是国家在实行民兵制度的同时，建立预备役制度，并将民兵工作和预备役工作结合进行。

二、兵役原则

(一)普遍平等

《兵役法》第五条规定："中华人民共和国公民，不分民族、种族、职业、家庭出身、宗教信仰和教育程度，都有义务依照本法的规定服兵役。"这表明，我国公民在服兵役方面普遍负有平等义务，也普遍享有平等权利，充分体现"中华人民共和国公民在法律面前一律平等""各民族一律平等"的宪法原则。

(二)男女有别

男女公民都有服兵役的义务，但考虑到女性公民的生理特点、军队作战和训练的实际需要，《兵役法》对男女公民服兵役提出不同要求：在兵役登记方面，年满 18 周岁的男性公民都必须按规定进行兵役登记，女性公民不进行兵役登记。在服现役方面，适龄男性公民符合服现役条件的都有应征服现役的义务，女性公民只根据军队的需要应征服现役。

(三)合理照顾

《兵役法》第五条规定："有严重生理缺陷或严重残疾不适合服兵役的公民，免服兵役。"免服兵役，是指公民因身体条件不适合服兵役，国家免除他们服现役和服预备役的法律义务，体现国家对他们的关照。

(四)严格限制

《兵役法》第五条规定："依照法律被剥夺政治权利的公民，不得服兵役。"第二十四条规定："应征公民因涉嫌犯罪正在被依法监察调查、侦查、起诉、审判或者被判处徒刑、拘役、管制正在服刑的，不征集。"不得服兵役，是指依照法律被剥夺政治权利的人没有服兵役的资格，既不得被征集服现役，也不得编入民兵组织或登记服预备役。

三、平时征集

兵员的平时征集，是指依照法律规定和通过一定的工作程序，将符合条件的公民征集到中国人民解放军和武装警察部队服现役。全国每年征集服现役的人数、要求和时间，由国务院和中央军事委员会的征兵命令规定。

(一)征集年龄

《兵役法》第二十条规定："年满十八周岁的男性公民，应当被征集服现役；当年未被征集的，在二十二周岁以前仍可以被征集服现役。普通高等学校毕业生的征集年龄可以放宽至二十四周岁，研究生的征集年龄可以放宽至二十六周岁。根据军队需要，可以按照前款规定征集女性公民服现役。根据军队需要和本人自愿，可以征集年满十七周岁未满十八周岁的公民服现役。"

(二)征集程序

《兵役法》第十九条规定："全国每年征集服现役的士兵的人数、次数、时间和要求，由国务院和中央军事委员会的命令规定。"《兵役法》第十五条规定："机关、团体、企业事业组织和乡、民族乡、镇的人民政府，应当根据县、自治县、不设区的市、市辖区人民政府兵役机关的安排，负责组织本单位和本行政区域的适龄男性公民进行初次兵役登记。初次兵役登记可以采取网络登记的方式进行，也可以到兵役登记站(点)现场登记。进行兵役登记，应当如实填写个人信息。"

(三)缓征

《兵役法》第二十三条规定："应征公民是维持家庭生活唯一劳动力的，可以缓征。"

(四)学生军事训练

学生军事训练，是指高等院校、高级中学和相当于高级中学的学校组织在校学生进行的军事理论教育和军事技能训练。1955 年《兵役法》颁布后，学生军事训练就成为国家的一项军事制度。1984 年重新颁布的《兵役法》设专章对学生军事训练作出规定。从 1985 年开始，学生军事训练工作按照《兵役法》的规定在全国部分高校和高级中学开展军训试点。

2001年6月，国务院办公厅、中央军委办公厅转发教育部、总参谋部、总政治部《关于在普通高等学校和高级中学开展学生军事训练工作的意见》，要求全国高等院校和高中普遍开展军事训练。2016年1月，中央军委国防动员部设立，职责之一就是负责全民国防教育工作。9月，国防动员部就全民国防教育重大现实问题进行调研，特意提到青少年学生国防教育，表明国家高度重视此问题。

1. 学生军事训练的地位作用

学生军事训练是加强国防后备力量建设的战略举措。学生通过军事训练，增强国防意识，掌握一定的军事理论知识和军事技能，提高依法履行兵役义务的自觉性，有利于战时快速实施兵役动员。搞好各类学校学生的军事训练，并长期坚持下去，可以为国家储备大量高素质的军事后备人才，为建设强大的国防后备力量奠定坚实的基础。

学生军事训练是促进学生全面发展的重要手段。学生通过军事训练，不仅可以丰富知识，增强体魄，而且可以培养无私奉献的责任意识、令行禁止的纪律观念、扎实奋斗的拼搏精神，有利于促进学生德智体全面发展，造就国家经济建设和国防建设的优秀人才。

2. 学生军事训练的实施方法

2007年，《学生军事训练工作规定》开始施行。2014年7月，《全民国防教育大纲》对学生的国防教育进行规范。

全日制小学、初中学校应将国防教育列入教育、教学计划，在每学期的活动课程时间、地方安排课程时间或双休日内，安排一定的教育内容或国防教育活动。根据《普通高等学校军事课教学大纲(2019版)》(以下简称《大纲》)规定的教育内容和要求，建立健全小学、初中国防教育内容体系，向中小学生提供科学、丰富的教育内容。

高级中学和相当于高级中学的学校(中等专业学校、职业中学、技工学校等)的军事训练教学(含集中军训和军事知识讲座)被列入学校的教学计划，成绩记入学生档案。按照《大纲》组织实施军事课教学，严格考勤考核制度。集中军训时间为7—14天(共83学时)。军事知识讲座教学时数为

15 学时，分 5 个专题进行讲解。

高等院校学生的军事训练，采取军事理论教学和军事技能训练相结合的方式进行。2019 年 1 月，国家教育部、中央军委国防动员部正式联合印发《大纲》，对 2006 版大纲进行修订完善，明确将军事课纳入国家教育督导体系，定期组织军事课建设教育督导。《大纲》于 2019 年 8 月起在全国施行。《大纲》规定，军事课由《军事理论》《军事技能》两部分组成。《军事理论》教学时数 36 学时，记 2 学分；《军事技能》训练时间 2—3 周，实际训练时间不得少于 14 天 112 学时，记 2 学分。

第四节 国防教育法

《中华人民共和国国防教育法》于 2001 年 4 月 28 日由第九届全国人民代表大会常务委员会第二十一次会议通过，中华人民共和国主席（第五十二号）公布施行；根据 2018 年 4 月 27 日中华人民共和国主席令第六号进行修正。

该法共六章三十八条，主要规定国防教育的方针原则，学校国防教育，社会国防教育，国防教育的保障和法律责任等。《全国人民代表大会常务委员会关于设立全民国防教育日的决定》是对《国防教育法》的补充。2001 年 8 月 31 日，第九届全国人民代表大会常务委员会第二十三次会议决定：每年 9 月的第三个星期六为全民国防教育日。

一、国防教育的地位和目的

（一）国防教育的地位

《国防教育法》第二条规定：“国防教育是建设和巩固国防的基础，是增强民族凝聚力、提高全民素质的重要途径。”这一规定明确了国防教育的重要地位。

国防教育是建设和巩固国防的基础。只有搞好国防教育，才能使全体公民明确国防的目的、任务，自觉地为国防建设贡献力量；只有搞好国防教育，才能形成爱军尚武的风气，为国防建设创造良好的社会氛围；只有搞好国防教育，才能激发公民的爱国奉献精神，为国家利益舍生忘死。以爱国主义精神为支柱的国防力量是不可战胜的，而国防教育的主要作用正是激发公民的爱国热忱，为国防建设奠定坚实的思想基础。

国防教育是增强民族凝聚力的重要途径。在长期和平环境中，人们容易思想麻痹，精神涣散。特别是在改革开放的新形势下，人们的经济意识有所增强，奉献意识有所削弱；自主意识有所增强，集体意识有所削弱。加强新形势下的国防教育，对于振奋民族精神，增强民族凝聚力，具有特殊的现实意义。

国防教育是提高全民素质的重要途径。进行国防教育，既可以提高公民的政治觉悟，增强法纪观念，提高思想道德水平，又可以扩大知识面，改善知识结构，提高科学文化水平，从而全面提高公民的素质。因此，应把国防教育作为加强国防建设的战略性措施，纳入社会主义精神文明建设总体规划，纳入国民教育体系，常抓不懈，筑起中华民族坚不可摧的精神长城。

(二)国防教育的目的

《国防教育法》第三条规定："国家通过开展国防教育，使公民增强国防观念，掌握基本的国防知识，学习必要的军事技能，激发爱国热情，自觉履行国防义务。"这一规定明确了国防教育的目的。

增强国防观念。公民只有具备一定国防观念，才可能积极学习国防知识和军事技能，主动履行国防义务。增强国防观念，主要是培养公民的忧患意识、尚武意识和责任意识，做到居安思危，常备不懈，人人关注国家安危和兴衰，在不同岗位上为国防建设作贡献。

掌握基本的国防知识。公民掌握基本的国防知识，可以使行动建立在理性认识的基础上，明确自己在国防活动中应当做什么以及怎么做，从而更自觉、更有效地参加和支援国防建设与国防斗争。

学习必要的军事技能。学习军事技能的过程可以使公民进一步加深对国防知识的理解，掌握、提高在战争中保卫国家和进行自卫的技术、能力。

激发爱国热情。爱国热情是千百年来固定下来的对自己祖国的一种最深厚的感情，是国家安全最深厚的根基。要通过教育，激发公民对祖国辽阔土地、壮丽山河的无限热爱，对祖国灿烂文化、悠久历史的无限热爱，对人民的无限忠诚和对国家命运的深切关心，增强维护国家安全的责任感。

自觉履行国防义务。要通过国防教育，使每一个公民都明确应当承担哪些国防义务，履行义务对国防事业具有什么作用，从而更好地在党的领导下实施国防行为。

二、国防教育的方针和原则

《国防教育法》第四条规定："国防教育贯彻全民参与、长期坚持、讲求实效的方针，实行经常教育与集中教育相结合、普及教育与重点教育相结合、理论教育与行为教育相结合的原则，针对不同对象确定相应的教育内容分类组织实施。"这一规定明确了国防教育的方针和原则。

(一)国防教育的方针

1. 全民参与

全民参与国防教育有两方面的含义：一方面，全体公民都是国防教育的对象，都有接受国防教育的权利和义务；另一方面，全体公民都是国防教育的主体，普及和加强国防教育是全社会的共同责任，国家支持、鼓励社会组织和个人开展有益于国防教育的活动。

2. 长期坚持

国防观念的形成，是日积月累的历史积淀，绝非一朝一夕之功；国防观念的保持，是反复教育、不断强化的结果，不可能一劳永逸；国防观念的承续，需要一代又一代地口授身传，不能止息。因此，国防教育必须长期坚持，代代相传，以便使国防意识成为民族的心理定式，对公民的行为产生习惯性影响。

3. 讲求实效

国防教育应注重实际效果，不能片面追求形式，制造表面效应。要保证国防教育收到实效，必须加强教育的针对性，根据不同人员、不同时期的思想反应，采取不同的方法，提出不同的要求，突出不同的内容，使国防教育切合实际，深入人心。

(二)国防教育的原则

1. 经常教育与集中教育相结合

经常教育是在日常工作和生活中随机进行的非专门教育。其形式灵活多样，不拘一格，其作用是耳濡目染、潜移默化。集中教育是利用一定的时间、在一定的场所对有关人员进行的专门教育，主要形式是授课和专题参观活动。经常教育的特点是广泛性、群众性，集中教育的特点是系统性、组织性，两者在增强公民国防观念方面有不同的功效，其作用不可互相替代。要把这两种教育形式有机地结合起来，使其相辅相成。通过媒体宣传、活动培养、典型推动、文艺熏陶、环境渲染等途径，进行长期不懈、形式多样、生动活泼的国防教育，将教育融入公民日常的工作、学习、生活之中；利用全民国防教育日和其他重大节日、纪念日，征兵、民兵和预备役人员集训、人民防空教育培训、学生军训和少年军校活动等时机，有组织、有计划地开展国防教育。

2. 普及教育与重点教育相结合

普及教育是对全体公民的一般教育，重点教育是对部分公民的加强教育。重点教育的对象是：各级领导干部，现役军人，民兵、预备役人员，高等院校和高级中学的学生。重点教育要着重抓，普及教育要普遍抓。普及教育是重点教育的基础，只有搞好普及教育，重点教育才能取得更显著的成效。坚持面向社会、面向全体公民，着眼国防建设现实需要与未来发展，突出领导干部、青少年和民兵、预备役人员，使国防教育既覆盖全民，又重点推进。

3. 理论教育与行为教育相结合

理论教育，是以课堂讲授、阅读书籍等形式进行的，以传播国防思想、国防历史、国防法规等方面的知识为目的的教育活动。行为教育，是结合军事训练、执行任务等进行的，是以传授技能、锻炼体格、陶冶情操为目的的教育活动。理论教育和行为教育是密不可分的两个方面，应在重视理论教育的同时，加强行为教育，促进国防知识向国防行为的转化，提高公民的国防行为能力。通过学习国防理论、普及国防知识等，引导公民认清建设巩固国防和强大军队的重要性，树立维护国家主权、安全和发展利益，富国和强军相统一，军民融合式发展等现代国防观念；通过组织军事技能培训，体验军事生活，参与国防建设实践，开展拥军优属、拥政爱民等活动，增强公民履行国防义务的意识和能力，把在国防教育中激发出的爱国热情转化为保卫祖国、建设祖国的实际行动。

三、国防教育的组织和保障

《国防教育法》第六条规定："国务院领导全国的国防教育工作。中央军事委员会协同国务院开展全民国防教育。地方各级人民政府领导本行政区域内的国防教育工作。驻地军事机关协助和支持地方人民政府开展国防教育。"根据这一规定，国务院和地方各级人民政府是领导国防教育工作的主体，在组织实施国防教育中发挥主导作用。

驻地军事机关担负着直接领导国防活动的重任，协助和支持人民政府搞好国防教育是义不容辞的责任。

(一)国防教育的组织

1. 学校国防教育

《国防教育法》第十三条规定："学校的国防教育是全民国防教育的基础，是实施素质教育的重要内容。"搞好学校的国防教育，不仅可以提高青少年学生的综合素质，而且可以有力地推动全社会的国防教育。学校应当将国防教育列入学校的工作和教学计划，采取有效措施，保证国防教育的质量和效果。小学和初级中学应当将课堂教学与课外活动相结合，对学生进行生动活泼的国防教育。高等学校、高级中学和相当于高级中学的学校应当将课堂教学与军事训练相结合，对学生进行系统的国防教育。负责培训国家工作人员的各类教育机构，如党校、行政学院等，应当将国防教育纳入培训计划，设置适当的国防教育课程。

2. 社会国防教育

《国防教育法》第五条规定："一切国家机关和武装力量、各政党和各社会团体、各企业事业组织以及基层群众性自治组织，都应当根据各自的实际情况组织本地区、本部门、本单位开展国防教育。”

根据这一规定，国家机关应当根据各自的工作性质和特点，采取多种形式对工作人员进行国防教育。全军部队应带头搞好国防教育，激发官兵的爱国之心、报国之志、强国之情，保证打得赢、不变质，能打仗、打胜仗。省军区(卫戍区、警备区)、军分区和县(市、区)人民武装部应结合军事训练、征兵工作以及重大节日、纪念日活动，对民兵、预备役人员进行国防教育、业务培训等活动，对职工进行国防教育。城市居民委员会、农村村民委员会应当将国防教育纳入社区、农村社会主义精神文明建设的内容，对居民、村民进行国防教育。文化、新闻、出版、广播、电影、电视等部门和单位应当根据形势和任务的要求，采取多种形式开展国防教育。

(二)国防教育的保障

1. 师资保障

国防教育教员应从热爱国防教育事业、具有较高文化素养和军事素养的人员中选拔。中国人民解放军和武装警察部队应当根据需要和可能，为驻地有组织的国防教育活动选派军事教员。对国防教育教员，应根据其担负的任务，采取适当方式进行培训，不断提高他们的理论水平和教学能力。

2. 经费保障

国防教育经费主要来源于国家财政，同时应广开渠道，多方筹集国防教育经费。国家鼓励社会组织和个人捐赠财产，资助国防教育的开展。国防教育经费应本着节俭的原则，合理使用，杜绝浪费，提高使用效率。

3. 教材保障

全民国防教育使用统一的国防教育大纲。国防教育大纲由国家国防教育工作机构组织制定。各地和有关部门应根据国家的国防教育大纲编写本地区、本部门的国防教育教材。

4. 设施保障

中国人民解放军和武警部队应当根据需要和可能，为驻地有组织的国防教育活动提供必要的军事训练场地、设施以及其他便利条件。被命名为国防教育基地的烈士陵园、革命遗址和其他具有国防教育功能的博物馆、纪念馆、科技馆、文化馆、青少年宫等场所，应当对有组织的中小学生免费开放，在全民国防教育日向社会免费开放。有条件的地方可创办少年军校、国防教育园或国防教育中心。各种国防教育设施应随着当地经济的发展，不断改善条件，充分发挥其在传播国防知识、培植国防观念、提高公民素质方面的作用。

第二章 新时代中国国防政策和中国武装力量

武装力量，是国家或政治集团所拥有的各种武装组织的统称。一般以军队为主体，由军队和其他正规的、非正规的武装组织结合构成。通常由国家或政治集团的最高领导人统率。

一个国家武装力量的组织结构受多种因素制约，主要是国家的政治制度、经济条件、军事战略以及地理环境、人力资源、历史传统等。目前世界各国武装力量的构成，大体可概括为三种类型：单一(军队或警察或民兵)武装组织、两种(军队和武装警察)武装组织相结合的形式、多种(三种以上)武装组织相结合的形式。

中华人民共和国的武装力量，由中国人民解放军、中国人民武装警察部队、民兵组成，由中华人民共和国中央军事委员会领导并统一指挥，属于多种武装组织相结合的形式。党的十八大之后，我国武装力量的构成发生了巨大变化。

第一节 新时代中国国防政策

2019 年 7 月 24 日，国务院新闻办公室发布《新时代的中国国防》白皮书，这是 1998 年以来发布的第十部国防白皮书，也是新时代以来发布的首部综合型国防白皮书。国防政策是国防和军队建设的基本遵循，也是国防白皮书的核心内容。白皮书坚持以习近平强军思想为指导，围绕新时代中国国防的根本目标、鲜明特征、战略指导、发展路径、世界意义五个方面，系统阐释新时代中国防御性国防政策的时代内涵，首次构建新时代中国防御性国防政策体系。

一、根本目标——坚决捍卫国家主权、安全、发展利益

慑止和抵抗侵略，保卫国家政治安全、人民安全和社会稳定，反对、遏制和打击带有民族分裂势力的群体，保卫国家主权统一、领土完整和安全。维护国家海洋权益，维护国家在太空、电磁、网络空间等的安全利益，维护国家海外利益，支撑国家可持续发展。

中国坚定维护国家主权和领土完整。南海诸岛、钓鱼岛及其附属岛屿是中国固有领土。中国在南海岛礁进行基础设施建设，部署必要的防御性力量，在东海钓鱼岛海域进行巡航，是依法行使国家主权。中国致力于同直接有关的当事国在尊重历史事实和国际法的基础上，通过谈判协商解决有关争议。中国坚持同地区国家一道维护和平稳定，坚定维护各国依据国际法所享有的航行和飞越自由，维护海上通道安全。

解决台湾问题，实现国家完全统一，是中华民族的根本利益，是实现中华民族伟大复兴的必然要求。中国坚持“和平统一、一国两制”方针，推动两岸关系和平发展，推进中国和平统一进程，坚决反对一切分裂中国的图谋和行径，坚决反对任何外国势力干涉。中国必须统一，也必然统一。中国有坚定决心和强大能力维护国家主权和领土完整，决不允许任何人、任何组织、任何政党，在任何时候、以任何形式、把任何一块中国领土从中国分裂出去。我们不承诺放弃使用武力，保留采取一切必要措施的选项，针对的是外部势力干涉和极少数民族分裂分子及其分裂活动，绝非针对台湾同胞。如果有人要把台湾从中国分裂出去，中国军队将不惜一切代价，坚决予以挫败，捍卫国家统一。

二、鲜明特征——坚持永不称霸、永不扩张、永不谋求势力范围

国虽大，好战必亡。中华民族历来爱好和平。近代以来，中国人民饱受侵略和战乱之苦，深感和平之珍贵、发展之迫切，决不会把自己经受过的悲惨遭遇强加于人。新中国成立 70 多年来，中国没有主动挑起过任何一场战争和冲突。改革开放以来，中国致力于促进世界和平，主动裁减军队

员额400余万。中国由积贫积弱发展成为世界第二大经济体，靠的不是别人的施舍，更不是军事扩张和殖民掠夺，而是人民勤劳、维护和平。中国既通过维护世界和平为自身发展创造有利条件，又通过自身发展促进世界和平，真诚希望所有国家都选择和平发展道路，共同防范冲突和战争。

中国坚持在和平共处五项原则基础上发展同各国的友好合作，尊重各国人民自主选择发展道路的权利，主张通过平等对话和谈判协商解决国际争端，反对干涉别国内政，反对恃强凌弱，反对把自己的意志强加于人。中国坚持结伴不结盟，不参加任何军事集团，反对侵略扩张，反对动辄使用武力或以武力相威胁。中国的国防建设和发展，始终着眼于满足自身安全的正当需要，始终是世界和平力量的增长。历史已经并将继续证明，中国决不走追逐霸权、“国强必霸”的老路。无论将来发展到哪一步，中国都不会威胁谁，都不会谋求建立势力范围。

三、战略指导——贯彻落实新时代军事战略方针

新时代军事战略方针，坚持防御、自卫、后发制人原则，实行积极防御，坚持“人不犯我、我不犯人，人若犯我、我必犯人”，强调遏制战争与打赢战争相统一，强调战略上防御与战役战斗上进攻相统一。

贯彻落实新时代军事战略方针，服从服务党和国家战略全局，落实总体国家安全观，强化忧患意识、危机意识、打仗意识，积极适应战略竞争新格局、国家安全新需求、现代战争新形态，有效履行新时代军队使命任务。根据国家面临的安全威胁，扎实做好军事斗争准备，全面提高新时代备战打仗能力，构建立足防御、多域统筹、均衡稳定的新时代军事战略布局。坚持全民国防，创新人民战争的战略战术和内容方法，充分发挥人民战争整体威力。

中国始终奉行在任何时候和任何情况下都不首先使用核武器、无条件不对无核武器国家和无核武器地区使用或威胁使用核武器的核政策，主张最终全面禁止和彻底销毁核武器，不会与任何国家进行核军备竞赛，始终把自身核力量维持在国家安全需要的最低水平。中国坚持自卫防御核战略，目的是遏制他国对中国使用或威胁使用核武器，确保国家战略安全。

四、发展路径——坚持走中国特色强军之路

建设同国际地位相称、同国家安全和发展利益相适应的巩固国防和强大军队，是中国社会主义现代化建设的战略任务，是坚持走和平发展道路的安全保障，是总结历史经验的必然选择。

新时代中国国防和军队建设，深入贯彻习近平强军思想，深入贯彻习近平军事战略思想，坚持政治建军、改革强军、科技兴军、依法治军，聚焦能打仗、打胜仗，推动机械化信息化融合发展，加快军事智能化发展，构建中国特色现代军事力量体系，完善和发展中国特色社会主义军事制度，不断提高履行新时代使命任务的能力。

新时代中国国防和军队建设的战略目标是，到 2020 年基本实现机械化，信息化建设取得重大进展，战略能力有大的提升。同国家现代化进程相一致，全面推进军事理论现代化、军队组织形态现代化、军事人员现代化、武器装备现代化，力争到 2035 年基本实现国防和军队现代化，到 21 世纪中叶把人民军队全面建成世界一流军队。

五、世界意义——服务构建人类命运共同体

中国人民的梦想与世界人民的梦想息息相通。一个和平稳定繁荣的中国，是世界的机遇和福祉。一支强大的中国军队，是维护世界和平稳定、服务构建人类命运共同体的坚定力量。

中国军队坚持共同、综合、合作、可持续的安全观，秉持正确义利观，积极参与全球安全治理体系改革，深化双边和多边安全合作，促进不同安全机制间协调包容、互补合作，营造平等互信、公平正义、共建共享的安全格局。

中国军队坚持履行国际责任和义务，始终高举合作共赢的旗帜，在力所能及的范围内向国际社会提供更多公共安全产品，积极参加国际维和、海上护航、人道主义救援等行动，加强国际军控和防扩散合作，建设性参与热点问题的政治解决，共同维护国际通道安全，合力应对恐怖主义、网络安全、重大自然灾害等全球性挑战，积极为构建人类命运共同体贡献

力量。

2015 年 9 月，中国加入新的联合国维和能力待命机制，建设 8000 人规模维和待命部队。2017 年 9 月，中国完成维和待命部队在联合国的一级待命注册工作。2018 年 10 月，13 支一级待命分队全部高标准通过联合国组织的考核评估，晋升至二级待命状态。2019 年 2 月，联合国将上述 13 支二级待命状态分队中的 5 支分队提升至三级待命状态。中国积极为各国培训维和人员，目前已经为数十个国家培训 1500 余名维和人员。2018 年 12 月，2506 名中国官兵在联合国 7 个任务区及联合国维和行动部执行任务。

第二节　新时代军队领导指挥体制和力量编成

人民军队发展史，就是一部改革创新史。进入新时代，适应世界新军事革命发展趋势和国家安全需求，中国全面推进国防和军队现代化建设，全面深化国防和军队改革，着力解决体制性障碍、结构性矛盾、政策性问题，迈出强军兴军历史性步伐。

2015 年 11 月 24 日，习近平主席在中央军委改革工作会议上发表重要讲话，部署国防和军队改革的主要任务，全面理顺军队领导管理体制和联合作战指挥体制，构建起“军委—战区—部队”的作战指挥体系和“军委—军种—部队”的领导管理体系。

一、重塑军队领导指挥体制

领导指挥体制改革是适应现代军队专业化分工和信息时代能打仗、打胜仗的要求，提高军队作战效能和建设效益的重大举措。按照“军委管总、战区主战、军种主建”原则，强化军委集中统一领导和战略指挥、战略管理功能，打破长期实行的总部体制、大军区体制、大陆军体制，构建新的军队领导管理和作战指挥体制。

(一)调整组建新的军委机关部门

优化军委机关职能配置和机构设置，军委四总部改为军委机关“一厅、三委、六部”15个职能部门。即将原有的总参谋部、总政治部、总后勤部、总装备部4个总部调整为军委机关“一厅、三委、六部”15个职能部门(见表2-1)，作为军委集中领导的参谋机关、执行机关、服务机关。指挥、建设、管理、监督等路径更加清晰，决策、规划、执行、评估等职能配置更加合理。

从“4”到“15”，不只是数字增减、名称改变、机构重组、人员调整，更是结构性、功能性重塑，是对我军指挥、建设、管理、监督路径的战略设计，是决策、规划、执行、评估职能的全新配置，实质上更是军委机关从定位到职能，再到机制的再造。习近平主席指出，“军委机关调整组建任务已基本完成，这是我军领导指挥体制改革取得的一个突破性进展，是全面实施改革强军战略的一个标志性成果，是走中国特色强军之路迈出的关键一步。”

表2-1　军委机关各部门及其职责

军委机关部门	主要职责
军委办公厅	主要履行综合协调、决策咨询、军事法制、信息服务、督促检查等职能。
军委联合参谋部	主要履行作战筹划、指挥控制和作战指挥保障，研究拟制军事战略和军事需求，组织作战能力评估，组织指导联合训练、战备建设和日常战备工作等职能。
军委政治工作部	主要履行全军党的建设、组织工作、政治教育和军事人力资源管理等职能。
军委后勤保障部	主要履行全军后勤保障规划计划、政策研究、标准制定、检查监督等职能。
军委装备发展部	主要履行全军装备发展规划计划、研发试验鉴定、采购管理、信息系统建设等职能。
军委训练管理部	主要履行组织指导全军军事训练、训练监察、行政管理及院校教育管理等职能。
军委国防动员部	主要履行组织指导国防动员和后备力量建设，领导管理省军区等职能。

续表

军委机关部门	主要职责
军委纪律检查委员会	主要履行全军党的纪检监察和巡视等职能。
军委政法委员会	主要履行组织指导全军政法、安全保卫工作等职能。
军委科学技术委员会	主要履行国防科技战略管理，组织指导前沿科技创新，推动科技军民融合发展等职能。
军委战略规划办公室	主要履行国防和军队建设发展战略规划职能，组织制定发展规划，统筹资源配置等。
军委改革和编制办公室	主要履行国防和军队改革筹划协调职能，指导推动重大改革实施，负责全军组织编制管理等。
军委国际军事合作办公室	主要履行对外军事交流与合作职能，归口管理和协调全军外事工作等。
军委审计署	主要履行审计监督职能，组织指导全军审计工作等。
军委机关事务管理总局	主要履行军委机关服务保障等职能。

(二)完善军兵种领导管理体制

整合原四总部的陆军建设职能，成立陆军领导机构；整合各军种和军委机关的战略支援力量，成立战略支援部队；第二炮兵更名为火箭军；整合主要承担通用保障任务的战略战役力量，成立联勤保障部队，构建起“中央军委—军种—部队”的领导管理体系(见图 2-1)。

2015 年 12 月 31 日，中国人民解放军陆军领导机构、火箭军、战略支援部队成立大会在八一大楼举行。习近平主席向陆军、火箭军、战略支援部队授予军旗并致训词。

习近平主席强调，陆军全体官兵要弘扬陆军光荣传统和优良作风，加快实现区域防卫型向全域作战型转变。火箭军全体官兵要按照核常兼备、全域慑战的战略要求，增强可信可靠的核威慑和核反击能力。战略支援部队全体官兵要努力在关键领域实现跨越发展，高标准高起点推进新型作战力量加速发展、一体发展。这是构建中国特色现代军事力量体系的战略举措，是我军现代化建设的一个重要里程碑。

2016 年 9 月 13 日，中央军委联勤保障部队成立大会在八一大楼举行。

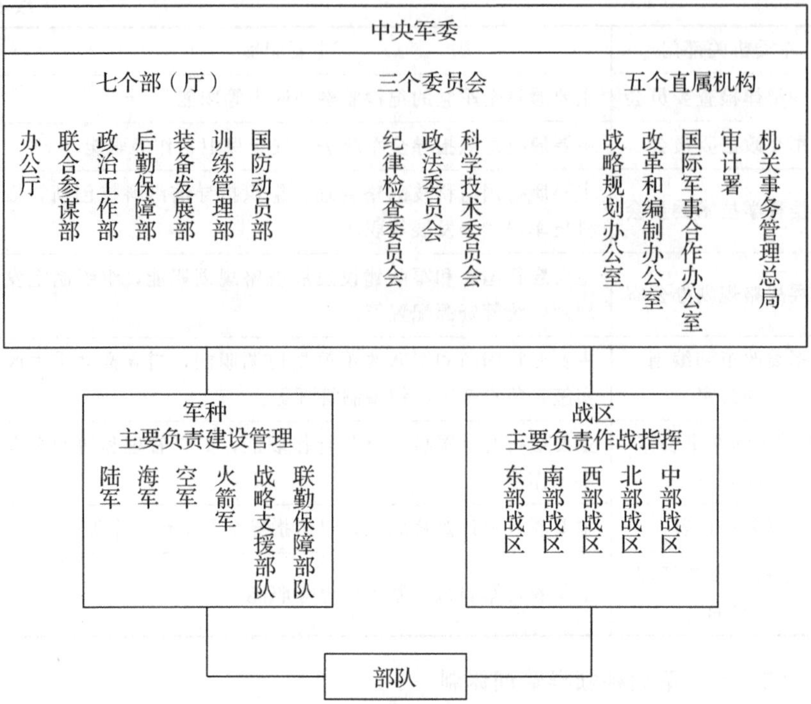

图 2-1　军队领导管理体系架构图

习近平主席向武汉联勤保障基地和无锡、桂林、西宁、沈阳、郑州联勤保障中心授予军旗并致训词，强调按照联合作战、联合训练、联合保障的要求加快部队建设，努力建设一支强大的现代化联勤保障部队。此举标志着具有我军特色的现代联勤保障体制正式建立。

2017 年 4 月 18 日，习近平主席接见新调整组建的军级单位主官，并对各单位发布训令，要求“聚精会神锻造招之即来、来之能战、战之必胜的精兵劲旅”。自此，18 个集团军成为历史。新调整组建的军级单位是新体制的重要组成部分，既主战又主建，是履行军队使命任务的铁骨钢拳，反映出军队规模结构和力量编成正在发生新的可喜变化。

(三)建立健全联合作战指挥体制

健全军委联合作战指挥机构，组建战区联合作战指挥机构，形成平战一体、常态运行、专司主营、精干高效的联合作战指挥体系。撤销沈阳、北京、兰州、济南、南京、广州、成都7个大军区，成立东部、南部、西部、北部、中部5个战区。通过改革，构建起“中央军委—战区—部队”的作战指挥体系。2016年2月1日，中国人民解放军战区成立大会在八一大楼举行。习近平向东部战区、南部战区、西部战区、北部战区、中部战区授予军旗并发布训令。

(四)建立健全法治监督体系

组建新的军委纪律检查委员会(军委监察委员会)，由中央军委直接领导，向军委机关部门和各战区派驻纪检组；组建新的军委政法委员会，按区域设置军事法院、军事检察院；组建军委审计署，改革审计监督体制，全部实行派驻审计，形成决策权、执行权、监督权既相互制约又相互协调的权力运行体系。

二、优化军队规模结构和力量编成

规模结构和力量编成改革是推进军队组织形态现代化、构建中国特色现代军事力量体系的关键一步。按照调整优化结构、发展新型力量、理顺重大比例关系、压减数量规模的要求，推动军队由数量规模型向质量效能型、人力密集型，向科技密集型转变。

(一)调整军队规模比例，重塑力量结构布局

裁减军队员额30万，现役总员额减至200万。扩大士官和文职人员编配范围，压减各级机关编制，减少各级机关内设机构、领导层级和人员，精简文艺体育新闻出版、服务保障和院校、医疗、仓库、科研院所等机构和人员，团级以上机关人员减少约四分之一，非战斗单位人员压减近一半。大幅压减陆军现役员额，保持空军现役员额稳定，适度增加海军、火箭军现役员额，优化各军兵种内部力量结构。优化后备力量结构。调整作战力量部署，形成与维护新时代国家安全需要相适应的战略布局。

(二)调整作战部队编成，重构新型作战力量

陆军原18个集团军整合重组为13个集团军。在全军主要作战部队实行“军—旅—营”体制，充实兵种作战力量，减少指挥层级，降低合成重心。增加特种作战、立体攻防、两栖作战、远海防卫、战略投送等新型作战力量，推动部队编成向充实、合成、多能、灵活方向发展。

（三）优化院校力量布局，重构军事科研体系

解放军和武警部队原有的77所院校整合为44所，重塑国防大学、国防科技大学。成立军委军事科学研究指导委员会，调整组建新的军事科学院、军种研究院，形成以军事科学院为龙头、军兵种科研机构为骨干、院校和部队科研力量为辅助的军事科研力量布局。

三、推进军事政策制度改革

坚持战斗力标准，着眼调动军事人员积极性、主动性、创造性，整体设计和推进军事政策制度改革，建立健全中国特色社会主义军事政策制度体系。

深化军队党的建设制度改革，维护党中央权威和集中统一领导，确保党对军队的绝对领导。制定《关于加强新时代军队党的建设的决定》等法规制度，推进完善军队党的政治建设、思想建设、组织建设、作风建设、纪律建设制度。

创新军事力量运用政策制度，有效保障全面履行新时代军队使命任务。制定《海上护航行动条例（试行）》等法规制度，推进完善军事战略指导制度、战备工作条例、联合作战法规等。

重塑军事力量建设政策制度，更好地解放和发展战斗力。制定修订《国防交通法》《军事设施保护法》《文职人员条例》等法规制度，颁布实施新军事训练条例和军事训练大纲。推进建立军官职业化制度，优化军人待遇保障，健全军人荣誉体系，完善军事训练、装备发展、后勤建设、军事科研、国防动员等方面政策制度，加快推进军官法、兵役法等立法进程。

改革军事管理政策制度，提升军事系统运行效能，推动军队高质量发展。制定修订《中国人民解放军内务条令（试行）》《中国人民解放军纪律条令（试行）》《中国人民解放军队列条令（试行）》《军事立法工作条例》等法规制度，推进战略管理、军费管理、军事司法等制度创新。

全面停止军队有偿服务。截至2018年6月，军队各级机关、部队及其所属事业单位从事的房地产租赁、农副业生产、招接待等15个行业的有偿服务活动基本停止，超过10万个有偿服务项目按期停止，累计停偿项目比例达到94%，军队不从事经营活动的目标基本实现。

四、推进国防和军队全面建设

(一)始终把思想政治建设摆在军队各项建设首位

牢固确立习近平强军思想的指导地位，坚决维护习近平总书记党中央的核心、全党的核心地位，坚决维护党中央权威和集中统一领导，贯彻中央军委主席负责制，政治意识、大局意识、核心意识、看齐意识进一步增强。2014年12月印发《关于新形势下军队政治工作若干问题的决定》，推进政治整训，军队重整行装再出发。2018年8月召开中央军委党的建设会议，全面加强新时代军队党的领导和党的建设工作。着力培养有灵魂、有本事、有血性、有品德的新时代革命军人，锻造具有铁一般信仰、铁一般信念、铁一般纪律、铁一般担当的过硬部队。

(二)推进国防科技和军事理论创新发展

加快实施科技兴军战略，巩固和加强优势领域，加大新兴领域创新力度，一些战略性、前沿性、颠覆性技术自主创新取得重要进展，成功研制“天河二号”超级计算机等一批高技术成果。聚焦战争和作战问题推进军事理论创新，推出战略、联合作战、信息化建设等一系列理论成果，为国防和军队建设提供理论支撑。

(三)构建现代化武器装备体系

完善优化武器装备体系结构，统筹推进各军兵种武器装备发展，统筹主战装备、信息系统、保障装备发展，全面提升标准化、系列化、通用化水平。加大淘汰老旧装备力度，逐步形成以高新技术装备为骨干的武器装备体系，15式坦克、052D驱逐舰、歼-20战斗机、东风-26中远程弹道导弹等装备列装部队。

(四)建设一切为了打仗的现代化后勤

建立以联勤部队为主干、军种为补充，统分结合、通专两线的保障体制，构建以战略战役力量为主干、队属力量为补充、社会保障为依托，联合、精干、高效的后勤力量体系，推动后勤力量融入战区联合训练、军兵种跨区训练和中外联演联训，推进前后方一体训练，初步形成快速响应、全维参战、精确保障能力。

(五)强化战略管理

坚持需求牵引规划、规划主导资源配置，建立完善“需求—规划—预算—执行—评估”的战略管理链路。制定军队发展战略和重要领域、军兵种、武警部队发展战略，形成战略规划和计划体系。规范军队战略规划工作，颁布实施《军队建设发展“十三五”规划纲要》，健全评估、督导、调控等制度机制。

(六)坚持依法治军从严治军

构建完善中国特色军事法治体系，推动治军方式根本性转变。强化练兵备战监督监察，深入纠治和平积弊。广泛开展法治宣传教育，建立健全法律咨询服务保障机制，推进法治军营建设。全面从严加强部队管理，贯彻落实条令条例，恢复和完善军队司号制度，组织全军安全大检查，加强重大安全隐患排查整治，加大警备纠察工作力度，开展军车管理专项整顿，建立警备工作定期通报机制，维护军队良好形象。

(七)深入推进党风廉政建设和反腐败斗争

严明政治纪律政治规矩，严肃查处郭伯雄、徐才厚、房峰辉、张阳等严重违纪违法案件。严格依纪依法惩治腐败，开展重大工程建设、装备物资采购等行业领域专项整治。建立基层风气监察联系点制度，查纠官兵身边“微腐败”和不正之风。深化政治巡视，完成对军委机关部门、大单位巡视和回访巡视全覆盖。着力推进审计全覆盖，加大重点领域、重大项目、重要资金审计力度，严格领导干部经济责任审计，积极推行经费绩效审计、全程跟踪审计、军地联合审计。

(八)推进国防动员现代化建设

理顺国防动员组织领导体制，加强后备力量建设，精简全国基干民兵规模，深化民兵预备役部队规模结构、力量编成改革，推进预备役部队与现役部队一体建设和运用，加快实现由保障陆军为主向保障多军兵种转变。

（九）组建退役军人事务部

结合深化党和国家机构改革，组建退役军人事务部（2018 年 4 月 16 日正式挂牌），推进省、市、县、乡镇（街道）、村（社区）退役军人服务保障体系建设，出台一系列优待优抚措施。扎实做好拥军优属、拥政爱民工作，积极参与脱贫攻坚，不断巩固和发展军政军民团结，尊重军人、优待军人的社会氛围正在形成。

第三节　新时代中国人民解放军

中国人民解放军由现役部队和预备役部队组成。这里主要介绍现役部队。现役部队由陆军、海军、空军、火箭军及战略支援部队、联勤保障部队组成。

一、陆军

陆军是我党最早建立和领导的武装力量，历史悠久，敢打善战，战功卓著，为党和人民建立了不朽功勋，对维护国家主权、安全、发展利益具有不可替代的作用。陆军以步兵、装甲兵、炮兵为主体，主要在陆地上遂行作战任务。陆军是陆地战场上决定胜负的重要力量，具有强大的火力、突击力和快速的机动能力；既能独立作战，又能与海军、空军联合（协同）作战。

陆军自 1927 年 8 月 1 日建立以来，在近一个世纪的发展进程中，由最初的单一步兵，发展到今天由多兵种合成的军种。按照机动作战、立体攻防的战略要求，加快实现区域防卫型向全域作战型转变，提高精确作战、立体作战、全域作战、多能作战、持续作战能力，努力建设一支强大的现代化新型陆军。

（一）陆军的编成

新时代陆军包括机动作战部队、边海防部队、警卫警备部队等，下辖 5 个战区陆军、新疆军区、西藏军区等。

陆军机动作战部队包括13个集团军，分别隶属于五大战区，编号71—83。我军历史上军的番号最多曾排到第70军，且彼此之间互不相连。如今此次集团军编号从71开始，且所有番号均依次相连，也就避免与过去老番号重叠。东部战区陆军下辖第71、72、73集团军，南部战区陆军下辖第74、75集团军，西部战区陆军下辖第76、77集团军，北部战区陆军下辖第78、79、80集团军，中部战区陆军下辖第81、82、83集团军。

陆军的基本建制为：集团军、旅、营、连、排、班。仅有个别作战师得以保留。绝大多数师都改成旅。营以上单位大多采用合成编制。新型集团军通常辖若干个合成旅及特战旅、炮兵旅、防空旅、工化旅、陆航旅、通信团和作战支援旅等。2018年，为应对核生化威胁需要，五大战区各自组建防化旅。

我国陆军由步兵、装甲兵、炮兵、防空兵、陆军航空兵、工程兵、通信兵、防化兵和其他专业部队(分队)等组成。

1. 步兵

步兵是陆军中的主要作战兵种，一般分为徒步步兵、摩托化步兵、机械化步兵、山地步兵、边防步兵和海防步兵等。主要担负近战歼敌，夺取或扼守地区、目标等任务。

其中，徒步步兵是以徒步方式机动和遂行战斗任务的步兵；摩托化步兵是以建制内的轮式运输车辆实施机动，下车徒步进行战斗的步兵；机械化步兵是以建制内的装甲战斗车辆实施机动，乘车或下车进行战斗的步兵；山地步兵是在高寒山地担负攻防作战任务的步兵；边防步兵是在边境地区担负警戒和防御任务的步兵；海防步兵是在沿海地区担负警戒和防御任务的步兵。

2. 装甲兵

装甲兵是陆军的主要突击力量，一般由坦克兵、装甲步兵等组成，主要遂行地面突击任务。

其中，坦克兵以坦克为主要装备，是执行地面突击任务的主要力量，是装甲兵的主体；装甲步兵以步兵战车和装甲输送车为基本装备，伴随坦克遂行地面突击任务。

3. 炮兵

炮兵是主要遂行地面火力突击任务的兵种，是陆军对地火力突击的主体力量。由压制炮兵、反坦克炮兵组成，用于歼敌有生力量，击毁敌坦克等装甲目标和水面舰船，摧毁、压制敌炮兵和指挥系统，破坏敌工程设施和交通枢纽。

其中，压制炮兵是以压制火炮、火箭炮为基本装备，主要遂行对敌纵深、浅近纵深目标火力突击任务；反坦克炮兵是以反坦克导弹和反坦克火炮为基本装备，主要遂行毁伤敌坦克等装甲目标任务。

4. 防空兵

防空兵是陆军中主要遂行地面防空作战任务的兵种。由地空导弹、高炮、雷达等部队(分队)组成，是对空火力打击的骨干力量，是联合防空作战力量的重要组成部分。

其中，地空导弹部队(分队)是以地空导弹武器系统为主战装备，高炮部队(分队)是以高射炮武器系统为主战装备，遂行地面防空作战任务；对空侦察雷达分队是防空兵中以对空侦察雷达为主要装备，担负对空侦察警戒任务，为部队提供空情保障。

5. 陆军航空兵

陆军航空兵是陆军中遂行空中攻击、空中机动、空中保障等任务的兵种，由武装直升机部队(分队)、运输直升机部队(分队)和战勤直升机分队组成，是陆军实施立体、全纵深、机动作战的重要力量。

其中，武装直升机部队(分队)以各型武装直升机为基本装备，以航炮、航空火箭、空空和空地导弹为机载武器，主要用于对地面(水面)、水下、空中目标进行火力突击，执行反装甲目标和航空火力支援任务；运输直升机部队(分队)以各型运输直升机为基本装备，主要用于运载人员、装备、物资和实施机动作战；战勤直升机分队以侦察与观测直升机、电子战直升机、指挥与通信直升机、空中校射直升机、空中加油直升机为基本装备，用于执行各种战场勤务。

6. 工程兵

工程兵是陆军中担负工程侦察、机动、反机动、伪装、防护、野战给水等工程保障任务的兵种，由工兵、舟桥、工程、工程维护、工程建筑等专业部队和分队组成，是陆军遂行工程保障任务的技术骨干力量。

其中，工兵部队是工程兵中担负野战工程保障任务的专业部队，由道路、桥梁、地雷、爆破、筑城、伪装等专业分队组成，主要负责构筑和维护指挥所及其他技术复杂的工事，对重要目标实施工程伪装，构筑和抢修主要道路桥梁，开辟重要通路，开设渡场，设置障碍物及对重要目标实施破袭。

舟桥部队是工程兵中担负渡河工程保障任务的专业部队，主要负责开设与维护浮桥渡场和门桥渡场；伪装部队是工程兵中担负伪装任务的专业部队，主要负责实施战略工程伪装和支援战役工程伪装行动；给水工程部队是工程兵中担负野战给水工程保障任务的专业部队，主要负责侦察水源、构筑与维护野战给水站和实施输水、运水；工程维护部队是工程兵中担负战区级以上指挥防护工程维护任务的专业部队，主要负责保障各种工程设施和设备的正常运行；工程建筑部队是工程兵中担负国防工程建筑任务的专业部队，主要负责构筑重要的指挥防护工程和阵地工程等永备工事及其他特殊工程。

7. 通信兵

通信兵是陆军中主要担负部队通信、指挥控制系统保障和电磁频谱管理任务的兵种，由固定通信、野战通信、通信工程、指挥自动化、军邮和电磁频谱管理部队(分队)组成，是陆军军事通信和信息作战的重要力量。

其中，固定通信部队(分队)是指利用固定通信设施和设备遂行通信联络任务的通信兵部队(分队)；野战通信部队(分队)是指在野战条件下遂行通信联络任务的通信兵部队(分队)；通信工程部队(分队)是指担负通信台站、通信线路的勘察、施工、安装和调试等任务的通信兵部队(分队)；指挥信息化分队是担负指挥信息系统建立、管理与维护任务的通信兵分队；军邮分队是担负邮递军队内部及军内外互寄的公私函件、报纸、杂志、图书、包裹和办理汇兑等任务的通信兵分队；电磁频谱管理部队(分队)是以电磁频谱管理装备为主要装备，担负战场电磁频谱管控任务的部队(分队)。

8. 防化兵

防化兵是陆军中担负核生化防护保障及烟幕保障、烟火支援等任务的兵种，由防化兵部队(分队)、发烟分队和烟火分队组成，是战时核生化防护及军队平时参与核生化突发事件处置的骨干力量。

其中，防化兵部队(分队)是担负核爆监测、防化侦察及检验、洗消和技术保障等任务的专业保障分队；发烟分队是施放烟幕掩护重要目标和行动的保障分队；烟火分队是遂行伴随发烟、喷火及纵火任务的战斗支援分队。

9. 其他专业部队(分队)

特种兵，是专门担负敌后侦察、作战和其他特殊任务的兵种，由特种侦察分队、特种作战分队组成，是执行特殊作战任务的新型战斗力量。

其中，特种侦察分队是特种兵中使用特种侦察装备，主要执行对敌监视侦察，获取战场重要目标信息等任务的分队；特种作战分队是特种兵中使用特种作战装备，主要执行敌后破袭、引导打击、夺控要害目标、营救作战等任务的分队。

(二)陆军任务

陆军既能独立遂行作战任务，又能与海军、空军和火箭军实施联合(协同)作战。其基本任务是：参加反分裂作战；参加维护领土主权和海洋权益作战；参加防卫作战；参与非传统安全威胁作战行动。

(三)陆军编制与装备

1. 步兵装备

主要有手枪、自动步枪、冲锋枪、机枪、手榴弹、火箭筒、轻型火炮(迫击炮、无后坐力炮)和反坦克导弹等；摩托化步兵装备有各种输送车辆，机械化步兵装备有步兵战车、装甲输送车。

2. 装甲兵装备

主要有各型坦克、装甲车辆以及与战斗配套的各种勤务保障车辆。坦克按任务分为主战坦克和特种坦克。主战坦克有重型、中型和轻型之分；特种坦克有水陆坦克、扫雷坦克、侦察坦克等。其他战斗与勤务保障车辆有步兵战车、自行火炮、装甲输送车、装甲侦察与指挥车等。

3. 炮兵装备

主要有各种型号、口径与用途的压制火炮和战役战术导弹。火炮主要有加农炮、榴弹炮、加农榴弹炮、火箭炮、迫击炮和反坦克炮等；战役战术导弹以“东风”系列型号为主。

4. 防空兵装备

主要有地空导弹、高射炮和高射机枪等。地空导弹以各型中低空、中近程和单兵肩扛式导弹为主。具有快速机动和伴随掩护能力，可同时对付多批目标；能有效拦截作战飞机和巡航导弹。

5. 陆军航空兵装备

主要有攻击直升机(武装直升机)、运输直升机和其他类型的专用直升机等。

6. 工程兵装备

有工程机械、渡河桥梁器材、伪装器材、工程侦察器材、地雷爆破器材和工具器材等。

7. 通信兵装备

主要有固定通信装备器材、野战通信装备器材和其他装备器材等。

8. 防化兵装备

主要有核爆炸监测、核辐射侦察、化学侦察、生物侦察、洗消车辆以及发烟、喷火装备器材等。

9. 其他专业部队(分队)装备

特种兵装备主要有特种侦察装备、特种作战装备和特种输送装备以及通信、后勤和装备保障等专业器材。特种侦察装备主要包括热成像仪、战场电视、侦察雷达、微光夜视仪、战场侦察传感系统、无人侦察机等；特种作战装备主要包括各种匕首和枪械等；特种输送装备主要包括动力伞、三角翼和水下输送器等。

二、海军

海洋关系国家长治久安和可持续发展，海军在国家安全和发展全局中具有十分重要的地位。我国海军成立于1949年4月23日。

新时代海军是以舰艇部队为主体，主要在海洋遂行作战任务的军种，具有在水面、水下和空中作战的能力。海军既能联合(协同)其他军兵种作战，又能单独实施海上作战。我国海军下辖东部战区海军(东海舰队)、南部战区海军(南海舰队)、北部战区海军(北海舰队)、海军陆战队等。战区海军下辖基地、潜艇支队、水面舰艇支队、航空兵旅等部队。

按照近海防御、远海防卫的战略要求，加快推进近海防御型向远海防卫型转变，提高战略威慑与反击、海上机动作战、海上联合作战、综合防御作战和综合保障能力，努力建设一支强大的现代化海军。

(一)海军的编成

海军由水面舰艇部队、潜艇部队、海军航空兵、海军岸防部队、海军陆战队等兵种和各种专业勤务部队组成。

2012 年 9 月，我国第一艘航空母舰“辽宁舰”交接入列，具有划时代的意义。2017 年 4 月 26 日，我国第二艘航空母舰(首艘国产航母)在大连造船厂举行下水仪式；2018 年 5 月 18 日，完成首次海上试验任务；2019 年 12 月 17 日，我国第一艘国产航母以“山东舰”(舷号 17)命名，在海南三亚某军港交付海军。中国航母“双雄时代”终于来临。我国也成为除美国、英国之外，世界上第三个拥有双航母编队的国家。

航母是现代海军的核心，是大国政治的“笔尖”。只有伟大的强国才能建造它。我国发展航空母舰，对于建设强大海军和维护海上安全具有深远意义。

海军的编制序列为：军委海军、海军舰队、海军基地、舰艇支队、舰队航空兵和水警区等。

1. 水面舰艇部队

是以水面舰艇为基本装备，在水面遂行作战任务的兵种。它包括水面作战舰艇部队、登陆作战舰艇部队和勤务舰船部队，可攻击海上、沿岸和一定纵深内的目标，参加夺取制海权、登陆反登陆、封锁反封锁和保护或破坏海上交通线等作战任务，具有独立作战和合同作战的能力。

2. 潜艇部队

是以潜艇为基本装备，主要在水下遂行作战任务的兵种。它包括战略导弹潜艇部队和攻击潜艇部队，可攻击大中型舰船、潜艇和陆上战略目标，攻击和封锁港口、基地，破坏海上交通线，以及实施侦察、反潜、布雷、巡逻和运送人员物资等任务。

3. 海军航空兵

是以飞机为基本装备，主要在海洋和濒海上空遂行作战任务的兵种。它包括岸基航空兵和舰载航空兵，可攻击海上、空中目标，袭击敌方，保护己方海军基地、港口、沿海机场和海上交通线，争夺海洋战区和濒海战区的制空权与制海权，空中掩护、支援海上舰艇作战等。

4. 海军岸防部队

是以岸舰导弹和岸炮为基本装备，部署在沿海重要地段、岛屿，主要遂行海岸防御作战任务的兵种。它包括海岸导弹部队和海岸炮兵部队，可突击海上舰船，保卫基地、港口和沿海重要地段，扼守海峡、水道，掩护近岸海上交通线和舰船，支援岛岸和要塞守备部队作战等。

5. 海军陆战队

是以两栖作战武器为基本装备，主要遂行登陆作战任务的海军兵种。它可单独或配合其他军兵种实施登陆作战，参加海军基地、港口和岛屿的防御作战及特种作战等任务，通常由陆战步兵、炮兵、装甲兵、工程兵、防化兵及侦察、通信等部队(分队)组成。

新扩编成军的海军陆战队成为一支海陆空一体、攻防兼备的两栖作战力量。2020 年 4 月 22 日，我国国产 075 型两栖攻击舰二号舰在上海沪东中华造船厂下水。该舰是我国自主研制的首型两栖攻击舰，具有较强的两栖作战和执行多样化任务的能力。

(二)海军的使命

海军的使命是防御外敌海上入侵，收复敌占岛屿，保卫我国领海主权，维护祖国统一和海洋权益。

(三)海军的装备

1. 水面舰艇部队装备

主要有多种型号的导弹驱逐舰、护卫舰(艇)、导弹艇、猎潜艇、布雷舰、扫雷舰(艇)、登陆舰(艇)、气垫船及各种专业勤务舰船。包括运输船、油船、水船、冷藏船、工程船、消磁船、医院船、救生船和侦察船等。舰载武器有各型舰舰导弹、舰空导弹，各种口径的舰炮、反潜武器（深水炸弹）、鱼雷和舰载直升机。

2. 潜艇部队装备

主要有国产的多种型号的常规动力、核动力的鱼雷潜艇和导弹潜艇，以及引进的部分常规动力潜艇。艇上的武器装备有鱼雷、水雷、巡航导弹、弹道导弹等多种武器。

3. 海军航空兵装备

装备的飞机与空军航空兵基本相同，主要有多种型号的歼击机、轰炸机、强击机、水上飞机和反潜机等。此外，还有各种运输机、直升机和其他特种飞机。机载武器有各种空舰导弹、空地导弹、空空导弹、火箭弹、航空火炮、鱼雷和深水炸弹等。

4. 海军岸防部队装备

主要有“海鹰”“鹰击”系列多种型号的岸舰导弹、岸舰火炮和火箭炮等。

5. 海军陆战队装备

主要有自动化步兵武器、反坦克导弹、防空导弹、各种火炮、火箭炮、舟桥、冲锋舟、气垫船、水陆两用坦克、装甲输送车及其他特种装备和作战器材。

三、空军

空军是以航空兵为主体，主要遂行空中作战任务的军种，具有高速机动、远程作战和猛烈突击的能力。空军是战略性军种，在国家安全和军事战略全局中具有举足轻重的地位和作用。

我国空军成立于1949年11月11日。新时代空军下辖5个战区空军、1个空降兵军等。战区空军下辖基地、航空兵旅（师）、地空导弹兵旅（师）、雷达兵旅等部队。

按照空天一体、攻防兼备的战略要求，加快实现国土防空型向攻防兼备型转变，提高战略预警、空中打击、防空反导、信息对抗、空降作战、战略投送和综合保障能力，努力建设一支强大的现代化空军。

(一)空军的编成

空军由航空兵、地空导弹兵、高射炮兵、空降兵、雷达兵、通信兵以及其他专业勤务部队等组成。其下辖5大战区空军和1个空降兵军。

空军的编制序列为：军委空军、战区空军、空军基地、航空兵师(旅)、地空导弹师(旅)、雷达旅(团)等。

1. 航空兵

是以军用飞机和直升机为基本装备，主要遂行空中作战和保障任务的兵种。它是空军的主要兵种，通常包括歼击、歼击轰炸、强击、轰炸、侦察、运输航空兵和其他专业航空兵等。

(1)歼击航空兵，是以歼击机为基本装备，主要遂行空战任务的航空兵。通常用以反敌航空侦察、抗敌空袭、争夺制空权和实施空中掩护等，必要时也可用以突击地面、水上目标。

(2)歼击轰炸航空兵，是以歼击轰炸机为基本装备，主要遂行攻击地面、水上和空中目标任务的航空兵。通常用以攻击、轰炸敌战役和战术纵深内的目标，参加争夺制空权斗争等。

(3)强击航空兵，是以强击机为基本装备，主要遂行低空、超低空攻击地面和水上目标任务的航空兵。通常用以攻击敌战术纵深和浅近战役纵深内的小型活动目标，以航空火力支援地面、海上作战。

(4)轰炸航空兵，是以轰炸机为基本装备，主要遂行轰炸地面或水面、水下目标任务的航空兵。通常用以摧毁与破坏敌战略和战役纵深目标，参加争夺制空权斗争等。

(5)侦察航空兵，是以侦察机为基本装备，遂行空中侦察任务的航空兵。主要用以查明敌方的目标和电磁信息，以及敌区的地形、天气等情况，为己方各军兵种部队的作战行动提供航空侦察情报资料。

(6)运输航空兵，是以运输机为基本装备，遂行空中运输任务的航空兵。运输机主要运输空运人员、装备和物资，保障部队空中机动、空降作战等。

(7)其他专业航空兵部队，是以专业飞机与设备为基本装备，遂行各种专业任务的航空兵部队。如电子干扰机部队、空中加油机部队、空中预警机部队等。

2. 地空导弹兵

是以地空导弹武器系统为基本装备，遂行地面防空作战任务的兵种。主要用以要地防空和争夺制空权斗争等。

3. 高射炮兵

是以高射炮武器系统为基本装备，主要遂行地面防空作战任务的兵种，通常用以要地防空和争夺制空权斗争，必要时也遂行歼灭地面、水上目标的任务。

4. 空降兵

是以降落伞和陆战武器为基本装备，以航空器为运输工具，主要遂行伞降和机降作战任务的兵种。通常用以空降到重要目标或地域，突击敌部队、指挥机构、重要军事设施和后方供应系统，以及支援在敌后作战的部队行动等。

5. 雷达兵

是以对空情报雷达为基本装备，主要遂行对空中目标探测和报知空中情报任务的兵种。通常用以对空警戒侦察，保障有关机构对航空器飞行的指挥引导和实施航空管制等。

6. 通信兵与气象等其他专业勤务部队

是以专业和特种设备为基本装备，主要遂行为空军作战部队的作战行动提供专业勤务保障任务的兵种或部队。

(二)空军的使命

空军的使命是组织国土防空，夺取制空权，独立或联合(协同)其他军种作战，保卫祖国领土、领空、领海主权和国家利益，维护国家统一和安全，保障我国改革开放和经济建设的顺利进行。

(三)空军的装备

1. 航空兵装备

主要有多种型号的歼击机、歼击轰炸机、强击机、轰炸机、侦察机、运输机、预警机、加油机和电子战飞机等；机载武器有航空火炮、航空火箭、航空炸弹、空空导弹、空地导弹和鱼雷等。

2. 地空导弹兵装备

主要有“红旗”系列和引进的C-300地空导弹系统。

3. 高射炮兵装备

主要有双37毫米高炮和57毫米高炮系统。

4. 空降兵装备

主要有伞兵战斗车、伞兵突击车；步兵轻武器，包括机枪、冲锋枪、自动步枪；侦察分队还有微型冲锋枪、微声冲锋枪；炮兵武器，包括各种型号和口径的迫击炮、无后坐力炮、榴弹炮、高射机枪、高射火炮、火箭炮，此外还有各种特种装备和各型降落伞等。

5. 雷达兵装备

主要有多种型号的地面警戒雷达、引导雷达等。

四、火箭军

中国人民解放军火箭军是中国人民解放军新的军种，由第二炮兵更名而来，于2015年12月31日成立。火箭军是我国战略威慑的核心力量，是我国大国地位的战略支撑，是维护国家安全的重要基石。它与海军战略导弹潜艇部队和空军战略轰炸机部队构成我国三位一体的战略核力量。

新时代火箭军包括核导弹部队、常规导弹部队、保障部队等，下辖导弹基地等。按照核常兼备、全域慑战的战略要求，增强可信可靠的核威慑和核反击能力，加强中远程精确打击力量建设，增强战略制衡能力，努力建设一支强大的现代化火箭军。

(一)火箭军的编成

火箭军由地地近程、中程、远程和洲际等导弹部队及各种保障部队组成。

军委火箭军机关设有参谋部、政治部、后勤部、装备部。

火箭军的编制序列为：军委火箭军、火箭军基地、火箭军旅、火箭军营等。

(二)火箭军的使命

火箭军是我国核力量的主体，肩负着威慑和实战的双重使命。威慑，即平时遏制敌国可能对我国发动核战争和局部入侵，打破敌核讹诈，为我国的和平外交政策服务；战时遏制常规战争升级为核战争。实战，即在我国遭受到核突袭时，根据需要，对敌实施坚决、及时和有效的核反击，打击敌国战略目标；发挥战役战术常规导弹的突击作用，赢得信息化条件下局部战争的胜利。大国长剑，其锋必利；国之重器，其势必威。

(三)火箭军的装备

目前，火箭军装备有“东风”系列多种型号的地地导弹。包括近程导弹、中程导弹、远程导弹、洲际导弹、战略核导弹、常规导弹以及巡航导弹。地地导弹可陆基固定发射，也可机动发射。

地地战略导弹，是从陆地发射，主要打击陆地战略目标，射程在1000千米以上的导弹。按飞行轨迹，分为地地弹道战略导弹和地地巡航战略导弹；按战斗部装药，分为地地核战略导弹和地地常规战略导弹；按射程，分为地地洲际战略导弹、地地远程战略导弹和地地中程战略导弹。

地地常规导弹，是从陆地发射，战斗部装药为常规炸药，主要打击陆地目标，必要时也可打击水上目标；通常以打击中、近程目标为主，必要时也可打击远程或洲际目标。

火箭军已形成核常兼备、近中远结合、固液并存的武器系列，实现了“导弹装备集成化、操作系统简便化、指挥流程信息化”；一批不同型号和不同发射方式的现代化导弹阵地，在祖国的崇山峻岭竣工；作战方式多样化，从依托既设作战阵地到无依托、野战化机动发射、随时能打；快速机动能力和准确打击目标能力不断提高，部队整体作战能力实现历史性飞跃。

五、战略支援部队

中国人民解放军战略支援部队是维护国家安全的新型作战力量，是新质作战能力的重要增长点，于2015年12月31日成立，主要是将战略性、基础性、支撑性都很强的各类保障力量进行功能整合后组建而成。2016年

8月30日，习近平主席在视察战略支援部队机关时强调："担负历史重任，瞄准世界一流，勇于创新超越，努力建设一支强大的现代化战略支援部队。"

战略支援部队是维护国家安全的新型作战力量，是新质作战能力的重要增长点。它包括战场环境保障、信息通信保障、信息安全防护、新技术试验等保障力量。战略支援部队名义上是支援，很多时候反而是首个冲锋陷阵的开路先锋，甚至要比陆海空军和火箭军更早投入战场。按照体系融合、军民融合的战略要求，推进关键领域跨越发展，推进新型作战力量加速发展、一体发展，努力建设一支强大的现代化战略支援部队。

战略支援部队为全军提供准确高效可靠的信息支撑和战略支援保障，撑起全军体系的"信息伞"，它与陆海空军和火箭军的行动融为一体，贯穿整个作战始终，是战争制胜的关键力量。

六、联勤保障部队

中央军委联勤保障部队于2016年9月13日成立，总部机关位于武汉，为副战区级，独立于各军种之外，是实施联勤保障和战略战役支援保障的主体力量，是中国特色现代军事力量体系的重要组成部分。按照联合作战、联合训练、联合保障的要求，加快融入联合作战体系，提高一体化联合保障能力，努力建设一支强大的现代化联勤保障部队。

新时代联勤保障部队包括仓储、卫勤、运输投送、输油管线、工程建设管理、储备资产管理、采购等力量，下辖无锡、桂林、西宁、沈阳、郑州5个联勤保障中心，以及解放军总医院、解放军疾病预防控制中心等。

第四节　新时代中国人民武装警察部队

中国人民武装警察部队，成立于1982年6月，前身是中国人民公安中央纵队，始建于1949年8月。

2018年1月1日起，按照"中央军委—武警部队—部队"的领导指挥体制，武警部队的根本职能属性没有发生变化，不列入解放军序列。公安边防部队、公安消防部队、公安警卫部队退出现役；将国家海洋局领导管理的海警队伍转隶武警部队；将武警部队担负民事属性任务的黄金、森林、水电部队整体移交国家相关职能部门并改编为非现役专业队伍，同时撤收武警部队海关执勤兵力，彻底理顺武警部队领导管理和指挥使用关系。同时，武警天安门国旗护卫队转隶解放军陆海空三军仪仗队，由解放军担负国旗护卫和礼炮鸣放任务 。

2018 年 1 月 10 日，中央军委在八一大楼举行向武警部队的授旗仪式。此次授予的军旗并不是代表中国人民解放军全军的八一军旗，而是专门为武警部队设计的武警军旗。

一、内卫部队

各省级(市、区)设武警总队，各地级(市、州、盟)设武警支队，各县级(地市辖区、市、县)、镇设有武警大队或中队。

其主要任务：一是承担固定目标执勤和城市武装巡逻任务，保障国家重要目标的安全；二是处置各种突发事件，打击恐怖主义，维护国家安全与社会稳定；三是支援国家经济建设和执行抢险救灾任务；四是战时参与后方防卫作战。

二、机动部队

主要负责处置大规模突发事件，如暴乱骚乱、武装暴动、大规模械斗事件等，战时协助解放军进行防卫作战。

作为合成化、专业化的战略战役机动力量，全国设两个机动部队。

三、海警部队

2018 年 6 月 22 日，海警队伍整体划归中国人民武装警察部队领导指挥，调整组建中国人民武装警察部队海警部队，称中国海警局，统一履行海上维权执法职责。2018 年 7 月 1 日，公安海警学院改为武警海警学院。

直属海区分局有 3 个：北海分局、东海分局以及南海分局。地方海警总队有11个，分别是辽宁海警总队、天津海警总队、河北海警总队、山东海警总队、江苏海警总队、上海海警总队、浙江海警总队、福建海警总队、广东海警总队、广西海警总队、海南海警总队。

海警主要负责近海安全，调查处理近海治安、刑事等案件，打击走私、偷渡、贩毒等海上违法犯罪活动。2021年5月24日，中国海警2502舰艇编队在我钓鱼岛领海内巡航。

目前来看，武警部队现有力量存在的问题是：陆上强、海空弱；境内强、境外弱；传统力量弱、信息支撑弱。

武警今后的力量建设方向：建成以特战力量为反恐尖刀，以空中力量为高效支援，以海上力量为维权主力，以工兵(交通)防化力量为救援主体，以综合集成网络信息系统为支撑的新型力量体系。

第三章　中国人民解放军及其改革

军队是一定阶级及其政党实现政治目的的工具，它从属于一定阶级及其政党，并为一定阶级服务。坚持党对军队的绝对领导，永葆人民军队的性质宗旨，是中国共产党把马克思列宁主义关于阶级、政党、国家、军队相互关系的学说和无产阶级军队建设理论同中国革命的具体实践相结合的产物。

第一节　中国人民解放军的性质

1989 年 11 月，邓小平指出：“我确信，我们的军队能够始终不渝地坚持自己的性质。这个性质是，党的军队，人民的军队，社会主义国家的军队。”邓小平从军队同党、人民和国家的联系上，全面而精辟地论述了人民解放军的性质。

一、中国人民解放军是党的军队

中国人民解放军是党的军队。这是由中国共产党和这支军队的性质决定的，是由中国革命的历史形成的。中国革命重要的斗争形式是战争，主要的组织形式是军队。中国共产党在领导中国革命的武装斗争中，缔造出自己的军队，领导这支军队从小到大，由弱到强，经过 22 年的革命战争，在全国人民的支持下，夺取了全国政权。没有党的领导，没有党领导的这支军队，就没有中国革命的胜利。

作为党缔造和领导的无产阶级军队，中国人民解放军是执行党所赋予的政治任务的武装力量。始终以党的旗帜为旗帜，以党的方向为方向，以党的意志为意志，是中国人民解放军发展壮大、不断从胜利走向胜利的根本保证。中国人民解放军自创建以来，党就以科学理论武装军队，不断用党的创新思想来建设军队，使中国人民解放军紧紧地同中国人民站在一起，永远忠于党、忠于人民、忠于社会主义。因此，我们对“党对军队的绝对领导”这个问题要始终关注、抓住不放，任何时候、任何情况下都不能有丝毫含糊和动摇，才能始终保持人民军队的性质宗旨。

二、中国人民解放军是人民的军队

中国人民解放军的整个历史就是一部全心全意为人民服务的历史。来自人民，服务人民，与人民保持着不可分离的血肉联系，是这支军队的特色。除了中国人民的根本利益，这支军队没有也不允许有超越于人民之上的特殊利益。这支军队是在人民的乳汁哺育下壮大的：人民把自己的子弟送到军队，用巨大的人力、物力、财力支持军队建设，支援和配合军队打仗，为此付出重大牺牲。离开人民群众的支持，就没有这支军队的成长、壮大和胜利。中国人民解放军是真正的人民子弟兵，它与人民的这种骨肉之情和鱼水关系，是永远无法分离的。

三、中国人民解放军是社会主义国家的军队

中国人民解放军是社会主义国家的军队。马克思主义的国家学说认为，军队是国家政权的主要成分，谁想夺取国家政权，并且保持它、巩固它，谁就应有强大的军队。随着社会主义国家政权的建立，中国人民解放军不仅是党的军队、人民的军队，而且成为社会主义国家的军队。军队发挥着巩固人民民主专政、服务国家的职能。保卫和建设社会主义祖国，是这支军队肩负的双重历史任务。

党的军队，人民的军队，社会主义国家的军队，三者是完全一致的。三者的一致性，归根到底，统一在无产阶级的阶级利益同广大人民群众根本利益相一致的基础上。无产阶级和广大人民群众的根本利益，就是党、国家、军队为之奋斗的目标所在。中国人民解放军永远忠于党，忠于国家，忠于人民，忠于社会主义。

第二节　中国人民解放军的宗旨

军队的宗旨，又称建军的宗旨，是指建设军队是干什么的，是为谁服务的。军队的宗旨是由军队的性质决定的，同时又是军队性质的集中表现。中国人民解放军作为党领导下的人民军队，把“全心全意为人民服务”作为其唯一宗旨。早在红军创建之初，毛泽东就提出红军建军的目的是“挽救民众疾苦”“为工农群众打仗”。抗战时期毛泽东在《为人民服务》一文中指出，共产党及其所领导的八路军、新四军，完全是为着解放人民的，是彻底地为人民的利益工作的。

中国共产党领导的革命事业，是为人民求解放、求发展的事业。以人民利益为最高利益，是共产党人及其所领导的军队的出发点和归宿点。中国人民解放军一系列重要的建军方针原则，包括坚持党对军队的绝对领导，坚持用马克思主义、毛泽东思想、邓小平理论、“三个代表”重要思想、科学发展观以及习近平强军思想教育部队，实行官兵一致，军民一致，瓦解敌军的原则，执行“三大纪律八项注意”，建立强有力的革命的政治工作等。

说到底，军队的性质宗旨问题就是听谁指挥、为谁服务的问题。从根本上讲，一支军队的性质宗旨是其所属阶级和领导力量决定的。中国人民解放军是在中国共产党的绝对领导和直接指挥下的革命队伍，其性质宗旨必须由中国共产党来规定，也只能由中国共产党来规定。我们从理论和实践已经得知，党和军队的性质具有高度同向性，党的性质宗旨决定我军的性质宗旨，党的政治路线和思想路线决定着军队的根本职能。这也就说明，中国人民解放军作为担负执行政治任务的武装力量，其根本职能就是要始终为党的政治路线服务，为党夺取政权、巩固执政地位提供重要的力量保证。

第三节　以军衔为主导的军官职业化改革

2021 年 1 月 1 日实施的《中华人民共和国国防法》第二十六条规定，中国人民解放军、中国人民武装警察部队依照法律规定实行衔级制度。

一、我军军衔制的发展

军衔制是世界各国军队为明确军中指挥关系、激励士气而普遍采用的一种行之有效的军队管理制度。军衔既可以明确军人在军队中的地位、责任和相互关系，也是国家给予军人的荣誉。

新中国成立前，中国人民解放军曾两次拟议实行军衔制度：一次是抗战初期的第二次国共合作时期；一次是抗战胜利后国共两党重庆谈判之后。两次拟订的军衔等级都与当时国民党军队的军衔制度相同，但由于受当时环境的制约，两次拟订的军衔制度都未能实施。

新中国成立后，1955 年 2 月 8 日，第一届全国人大常委会第六次会议通过《中国人民解放军军官服役条例》，中国人民解放军首次在全军(包括现在武警部队的前身公安部队)实行军衔制，目的是增强军人的责任心和荣誉感，促进军队正规化建设，加强军队诸军兵种之间指挥、管理和保障的协同，便于进行国际交往。这次军衔等级设置是在中国传统军衔等级体系基础上，参照苏联的军衔制而设定的。

军官军衔设 4 等 14 级，即大元帅(实际未授予)、元帅；大将、上将、中将、少将；大校、上校、中校、少校；大尉、上尉、中尉、少尉。

1965 年 5 月 22 日，第三届全国人大常委会第九次会议通过《关于取消中国人民解放军军衔制的决定》，1965 年 6 月 1 日开始实施。

1984 年 5 月 31 日，第六届全国人民代表大会第二次会议通过的《中华人民共和国兵役法》规定：“中国人民解放军实行军衔制。”

1985 年 6 月，中央军委召开扩大会议，果断地提出割断 1965 年以前的军衔体制，实行新的军衔制。

1988年4月13日，《中国人民解放军军官军衔条例(草案)》提交第七届全国人大常委会第一次会议审议。1988年7月1日，第七届全国人大常委会第二次会议通过《中国人民解放军军官军衔条例》，予以公布施行。士兵军衔制同时立法。

新公布的军衔制度不设大元帅、元帅、大将和大尉，而以一级上将为最高军衔。军官军衔设3等11级。将官：一级上将(实际未授予)、上将、中将、少将；校官：大校、上校、中校、少校；尉官：上尉、中尉、少尉。海军、空军军官在军衔前分别冠以“海军”“空军”。专业技术军官，在军衔前冠以“专业技术”。

1993年10月1日起，士官分别佩戴共有3个军衔等级的标志。士官：军士长、专业军士；军士：上士、中士、下士；兵：上等兵、列兵。

1994年5月12日，第八届全国人大常委会第七次会议通过关于修改《中国人民解放军军官军衔条例》的决定。修改后的军官军衔设3等10级，将官：上将、中将、少将；校官：大校、上校、中校、少校；尉官：上尉、中尉、少尉。

1995年5月10日，第八届全国人大常委会第十三次会议通过的《中华人民共和国预备役军官法》规定，预备役军官军衔设3等8级：预备役少将；预备役大校、上校、中校、少校；预备役上尉、中尉、少尉。

1999年6月，国务院、中央军委重新修订发布《中国人民解放军现役士兵服役条例》，士兵的军衔按兵役性质分为志愿兵役制士兵：六级士官、五级士官、四级士官、三级士官、二级士官、一级士官；义务兵役制士兵：上等兵、列兵。

自2010年8月1日起施行的《中国人民解放军现役士兵服役条例》规定，士兵军衔按照兵役性质分为士官：一级军士长、二级军士长、三级军士长、四级军士长、上士、中士、下士；义务兵：上等兵、列兵。

2022年3月，经习近平主席批准，《军士暂行条例》《义务兵暂行条例》及相关配套法规颁布出台。这两部条例是基础法规，用于规范军士、义务兵的基本服役制度；军士招收、军士职业发展管理、士兵退役、转换过渡等配套法规文件，用于支撑新的制度平稳运行。这次改革，将“士官”统一改称为“军士”，军衔“三等七衔”设置不变，只将中级士官的四级军士长、上士称谓相应调整为中级军士的一级上士、二级上士。军士军衔具体设置为：高级军士设一级军士长、二级军士长、三级军士长 3 衔，中级军士设一级上士、二级上士 2 衔，初级军士设中士、下士 2 衔(见图 3-1)。这样调整，“军士长”称谓全部放在高级军士序列，军衔层级关系更加明晰，有利于加强分级管理，激发军士队伍的荣誉感和自豪感。

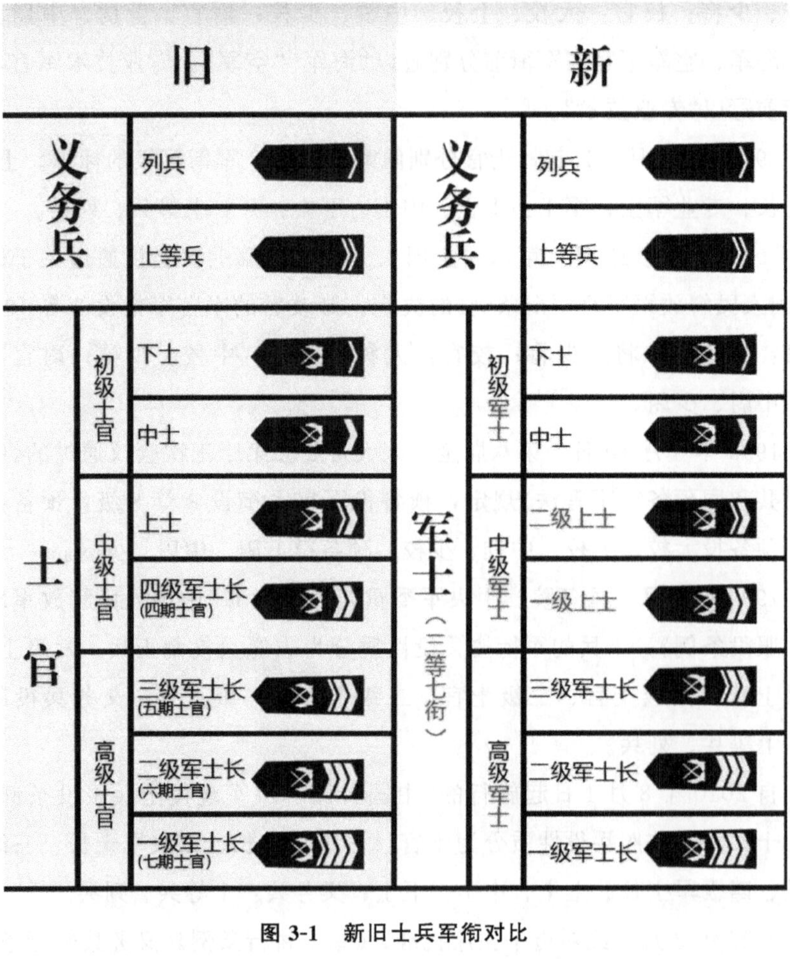

图 3-1　新旧士兵军衔对比

二、我军授衔情况

1955 年 9 月 27 日，第一届全国人大常委会第二十二次会议通过授予中华人民共和国元帅军衔的决议。毛泽东主席向朱德、彭德怀、林彪、刘伯承、贺龙、陈毅、罗荣桓、徐向前、聂荣臻、叶剑英10人授予中华人民共和国元帅军衔。

周恩来总理发布命令状，授予粟裕、黄克诚、谭政、萧劲光、王树声、陈赓、罗瑞卿、许光达、徐海东、张云逸10人大将军衔，授予55人上将军衔，授予175人中将军衔，授予801人少将军衔。1956年、1958年又分别授予王建安、李聚奎上将军衔。1956—1965年，共授予1614人将官以上军衔。1965年军衔制度被取消。

1988年恢复军衔制后，中央军委数次授予高级军官警官上将军衔警衔。董其武是被国共双方都授予上将军衔的唯一之人。而洪学智是被我军两次授予上将军衔的唯一之人，被尊称为“六星上将”。1996年4月至年底，中央军委授予数万名预备役军官军衔。这是首批预备役军官被授予军衔。

三、军官职业化改革

2021年1月1日，《现役军官管理暂行条例》及相关配套法规正式施行。1个条例、8个规定、2个意见、1个通知，形成军官职业化制度的“1＋11”的政策规定格局。1个条例，即《现役军官管理暂行条例》，它是基础法规，奠定军官制度的根基；8个规定，即《现役军官选拔补充暂行规定》《现役军官教育培训暂行规定》《现役军官考核暂行规定》《现役军官晋升任用暂行规定》《现役军官交流暂行规定》《现役军官退役暂行规定》《现役军官待遇级别管理暂行规定》《专业技术军官管理暂行规定》，是主干配套法规，共同构成军官制度的“四梁八柱”；2个意见《关于推进军官岗位管理的意见》《关于推进军官职业发展路径管理的意见》及1个通知《关于规范军官制度改革中等级转换办法和过渡政策的通知》，支撑新的军官制度平稳落地和有效运行。

（一）军官职业化的本质特征

1. 军事性与政治性相统一

提高打仗能力，并不等同于单纯了解军事观点，让军官不问政治。战争是政治的延续，必须坚持军事服从政治、战略服从政略，跟谁打、在什么时间打、打到什么程度，都要服从政治的需要，忠诚、服从始终是军官的最高职业准则，世界各国军队概莫能外。美国参联会前主席鲍威尔说过，在华盛顿没有不讲政治的将军，不讲政治就当不了将军。

2. 稳定性与流动性相统一

刘伯承元帅曾讲过："军官的培养，是最艰苦的战争准备。"军官的天职是组织指挥打仗，这种复杂专业能力的累积和形成必须依靠长期稳定的服役完成，必须有稳定的服役时间作保证。但这种稳定是以军官队伍的良性竞争、优胜劣汰为前提的，不是每个人都能舒舒服服干到退休。

3. 优待性与奉献性相统一

军官捍卫的是国家生存发展这个最高利益，付出的是个人生命这个最高代价，具有高风险、高奉献、高强度的职业特点。基于此，国家和社会给予军官与之相称的地位和待遇是必要的，但并非完全靠物质利益驱动。重视军官职业精神培育，注重使命、责任和荣誉激励，是军官职业化应有之义。

(二)军官职业化带来的变化

1. 军衔主导更加鲜明

军官军衔是标识军官能力贡献、表明军官身份地位的标志，也是国家给予军官的荣誉。建立军衔主导的等级制度，是军官职业化改革的基础。1988年实行新的军衔制，中央军委明确先按职务等级晋升，将来再过渡到军衔主导晋升。此次改革，决定把军衔作为反映军官能力的主要标尺，基于军衔构建军官管理制度体系。通俗地说，就是以军衔等级为基石，系统设计和安排军官的服役年限、培训交流、选拔任用、待遇保障以及退役和安置等各项制度。在选拔任用上，以晋升资格择优、以任职资格取人，把优秀人才放到合适的岗位上，实现"量能授职""人职匹配"。通过确立军衔在军官管理中的主导地位，切实把能力导向、打仗导向确立起来。

2. 服役制度更加科学

目前，我军军官服役制度还有些不尽完善的地方，主要是军官更替速度过快，在基层一线历练不够扎实，存在"一年学，两年干，三年就等着换"现象，有的军官刚培养成熟就面临退役；重年龄轻年限，对自然增长的年龄卡得很严，而对体现能力和功绩累积的服役年限没有要求，造成唯年龄现象、层层搞年轻，致使不少军官“年龄恐慌”大于“本领恐慌”。职业化条件下，遵循军官能力增长释放规律，合理调控军官发展节奏，军官服役呈现“前慢后快中间稳”的特点：初级军官，放缓晋升节奏，相对均衡发展，保证扎实蹲苗；中级军官，给予较大服役空间，充分释放能力，提高使用效益；高级军官，加快流动，增强活力。同时，强化年限、淡化年龄在军官服役特别是晋升发展中的调节作用，引导和保障军官长期干、好好干。

3. 发展路径更加清晰

军官职业化核心是专业化，前提是专业化的分类，关键是专业化的培养。我军军官目前主要按照职务性质分为军事、政治、后勤、装备和专业技术 5 类，相对比较粗放。各类军官的选拔任用、培训交流等，也没有从制度上做出严格的边界限制，训用不一、随意改行、无序竞争等，与此都有很大关系。推进军官职业化，将突出专业属性和作战要求，健全完善军官分类体系，在此基础上分类设置军官职业发展路径，系统规范军官在哪个领域发展，什么时候该入校培训、交流任职，具备什么经历能够走到什么位置，什么情况下需要退役等，为组织培养军官、军官自我提高提供清晰指引，提高人才培养使用效益。

4. 任职资格更加严格

战争是生与死的较量，军官能否胜任岗位，不仅关乎战争胜负，也关乎个人生死。因此，必须建立和实行严格的任职资格制度，把履行岗位职责必备的条件资格化、要素化、刚性化，确保军官上任即胜任。特别是现代战争是体系的对抗，任何一个岗位出现素质短板，都会影响整个体系的作战能力。2015 年 2 月，总政治部印发《作战部队指挥军官任职资格规定(试行)》，从任职年限、任职经历、专业资质、培训经历、文化程度、身心素质等方面，对作战部队指挥军官任职资格做出规范。下步将逐步推开、覆盖所有单位每个岗位，作为军官选拔配备的基本依据，真正做到岗位取人、事业取人。

5. 发展环境更加纯正

一个能够让军官甘于以生命为代价、矢志追求的职业，一定是一个高尚纯洁、风清气正的职业。实行军官职业化制度，很重要的就是构建既相协调又相制约的权力运行机制，充分发挥发展路径、资格条件、程序机制、监督问责的制约作用，最大限度压减主观裁量、人为操作空间，营造公平公正、活力迸发的发展环境，切实把军官从各种不正之风的干扰和顾虑中解脱出来。军官需要做的就是专注专务打仗，全力提高素质，认真履职尽责，谁升谁走靠能力实绩说话，提得硬气、走得服气。

6. 待遇保障更加优厚

军官以高昂的从业代价和特殊的军事劳动，为国家和社会提供可靠的安全保障，国家和社会理应给予军官崇高的社会地位和声望，并保障军官享有与其地位、使命、实绩相称的待遇保障。推行军官职业化，将调整改革待遇保障政策，使其更好地契合军事职业特点。对外强化竞争性，保障军官工资和福利待遇在社会职业中处于较高水平，保障军官在家属随军就业、子女入学、使用社会公共资源等方面依法享受政策优待，以此增强军官的职业荣誉感和自豪感。对内体现公平性，充分发挥津贴补贴调节作用，进一步向艰苦地区、作战部队、特殊岗位、重要群体倾斜，精准反映军官的贡献差异，实现付出与回报成正比，充分激发军官的积极性和创造性。

7. 退役安置更加顺畅

保持军官队伍出口畅通，直接关系军官队伍的新老更替和生机活力。长期以来，退役随意性大、安置难，一直是官兵反映强烈的突出问题。职业化条件下，军官依法服役的权利受到法律保护，将组织需要和个人意愿有机统一起来，非法定情形不得安排退役。军官只要愿干、能干、干得好，一般都能长期稳定服役，并且退役后的安置方式与军官服役表现挂钩，服役年限长、贡献大，安置上将会有更多选择，获得更好保障，以此减少军官的后顾之忧，增强职业安全感。

军官职业化的核心指向是建设一支能打仗、打胜仗的高素质军官队伍，为军官提供相对稳定的服役空间、公平公正的发展环境、优厚优惠的待遇保障，根本目的就是以制度优势集聚社会优秀人才，并引导和保障军官集中全部心思和精力谋打仗、练打仗，提高完成军事任务的效率。

坚持职业化大方向的军官制度改革，总的是贯彻习近平主席改革强军战略思想和建设世界一流军队目标，适应军队职能任务需求和国家政策制度创新，适应军队组织形态现代化要求，坚持党管干部原则，坚持战斗力标准，构建体现军事职业特点、科学规范、成熟定型的军官制度体系。

第四章　新时代军用高精尖技术

军事领域是所有社会活动中对最新科学技术成果利用最多最快的领域之一。科学技术的最新成果在武器装备中的应用是提高军队战斗力的一个极为重要的途径。本章主要介绍支撑信息化战争的七项军用高精尖技术：现代作战指挥信息系统、精确制导武器、隐身伪装技术、电子对抗技术、军用航天技术、军用无人作战系统以及新概念武器。

第一节　现代作战指挥信息系统

指挥信息系统是综合运用以计算机为核心的技术装备，实现对作战信息的获取、传输、处理的自动化，保障各级指挥机构对所属部队和武器实施科学高效的指挥控制与管理，具有指挥控制、情报侦察、预警探测、通信、信息对抗、安全保密以及有关信息保障功能的各类信息系统的总称。

一、系统组成

按功能来分，主要有六大系统。

信息收集分系统。由配置在地面、海上、空中、外层空间的各种侦察设备，如侦察卫星、侦察飞机、雷达、声呐、遥感器等组成。它能及时地收集敌我双方的兵力部署、作战行动及战场地形、气象等情况，为指挥员提供实时、准确的情报。

信息传输分系统。主要由传递信息的各种信道、交换设备和通信终端等组成。这几部分构成具有多种功能的通信网，迅速、准确、保密、不间断地传输各种信息。可以说通信自动化是作战指挥自动化的基础，没有发达的通信网，就不可能实现作战指挥自动化。

信息处理分系统。由电子计算机及其输入输出设备和计算机软件组成。信息处理的过程，就是将输入计算机的信息，通过按预定目标编制的各类软件进行信息的综合、分类、存储、检索、计算等，并能协助指挥人员拟制作战方案，对各种方案进行模拟、情报检索、图形处理、图像处理等。

信息显示分系统。主要由各类显示设备，如大屏幕显示器、投影仪、显示板等组成。其主要功能就是把信息处理分系统输出的各种信息，包括作战情报、敌我态势、作战方案、命令和命令执行情况等，用文字、符号、表格、图形、图像等多种形式，形象、直观、清晰地显示在各个屏幕上，供指挥和参谋人员研究使用。

决策监控分系统。主要用于辅助指挥人员做出决策、下达命令、实施指挥。在作战过程中，指挥员可随时针对不同情况，通过决策监控分系统输入指令。决策监控分系统还可用来改变指挥信息系统的工作状态并监视其运行情况。

执行分系统。既可以是执行命令的部队指挥信息系统，也可以是自动执行指令的装置，如导弹的制导装置、火炮的火控装置等。

二、发展历程

军事指挥信息系统的发展历程，主要经历初始创建、全面发展、更新改造、趋于成熟等四个阶段。

一是20世纪50年代末至60年代中期的初始创建阶段。这一时期，以美国空军“赛其”系统和苏联空军“天空一号”系统为代表，主要是在防空作战指挥系统中，部分实现情报处理的半自动化。我国在这一时期也开始关于指挥信息系统的建设工作，如1959年立项的“1125工程”，1964年建立的“852”系统，1967年建立的“853”系统。这一时期仍普遍偏重于发展飞机、导弹等武器装备，对军事指挥信息系统的建设重视不够，更缺乏全局性的系统规划，但这些工作却为以后系统的发展奠定基础。

二是20世纪60年代末至70年代末期的全面发展阶段。在这一时期里，美、苏等西方国家的军事指挥信息系统发展较快，各军种、兵种都建立了各自的指挥信息系统，在一定程度上实现了情报处理的自动化和指挥控制的智能化。同时，美、苏等军事强国还研制出空中预警机系统、空中指挥所系统、地下指挥所系统、战略空军指挥信息系统、战术空军控制系统等许多新型的指挥信息系统，并且在战备值班、学习训练、作战应用等方面积累了一定经验。而我国的军事指挥信息系统建设，在这一时期则处于停滞不前的状态。

三是80年代初至90年代中期的更新改造阶段。在这一期间，军事指挥信息系统不但发展迅速，而且普遍进行更新、改造和完善，统一文电格式、信息流程和信息编码、传递、交换的方式等；制定系统软件和硬件标准，着力解决各系统之间的互联互通。我国的指挥信息系统建设则处于打基础、建模式阶段，雷达情报传递处理自动化系统不断完善；战略、战役、战术等各层次指挥信息系统的基本型号开始列入装备序列；其他专业兵种指挥信息系统的建设也逐步展开。

四是20世纪90年代末期以来的趋于成熟阶段。这一时期，各国普遍对90年代前后发生的高技术局部战争给予高度关注，并十分重视研究和分析指挥信息系统在战争中的运用规律和存在问题，为军事指挥信息系统的发展提供依据，使系统的发展逐步趋于成熟。主要表现在：增强系统的抗毁、抗扰、再生能力，提高系统的实战能力，增强系统的互联互通互操作能力，即通过加强系统的立体配置和信息互联网络，提高系统的整体作战指挥效能；增强系统与武器的交联能力，即提高系统作战指挥的时效性，增强系统的武器化程度。我国的指挥信息系统建设则处于按地区成片联网建设阶段，加强重点地区和重点部队指挥信息系统的更新、改造建设，同时加强信息格式、设备标准化和互联互通等方面的工作，取得了一定成效。

三、发展趋势

根据对军事强国建设信息化军队和军事信息系统建设的情况分析，指挥信息系统将朝着武器装备信息化、信息装备武器化、信息系统一体化、信息基础设施现代化发展，形成完整的信息化武器装备体系。

（一）在功能上向综合化、智能化方向发展

综合化是指挥信息系统为适应体系对体系、系统对系统的作战需要，根据整体出威力、系统出效能的原理构造的未来指挥信息系统思想。它不仅要为指挥控制己方的作战部队提供信息，而且还可提供敌方如何指挥、控制其部队的有关信息，实现多层次、大范围的连接和信息共享，增强信息作战能力。一个智能化的指挥信息系统结构是在知识库系统和多机并行推理系统的主机结构上，配置智能人机接口和智能网络接口而构成的，把人类的领域专家知识、经验和问题求解方法赋予机器、系统或网络，使它们具备自律、自愈能力和某领域的问题求解能力。这样，它们才有可能具备智能成分，才能把它们定义为智能机器、智能系统或智能网。

（二）在体系上强调系统的一体化，更重视信息安全

未来战争将在陆、海、空、天、信息五维战场上同时进行，要掌握制空权、制海权、制信息权，才能起到兵力倍增器的作用。随着信息技术的发展和信息战的到来，信息安全受到严重威胁，重视信息安全，加强信息和信息系统的保密措施；提高各类作战平台，特别是航空平台的隐身性能，降低其被各种感测器探测的可探测度；发展低成本、高效能，集侦察、识别、火力攻击于一体的智能武器平台和无人机系列武器系统；发展网络与信息的防护技术和攻击技术；发展天基信息作战综合平台。

（三）向深海和外层空间发展

目前，指挥信息系统大多是沿地球表面配置。随着航天技术的不断发展，指挥信息系统平面配置的格局将被打破，取而代之的是一种从外层空间到海洋深处的立体配置，永久性的载人空间站、轨道站、月球站、星球站的建成，都可成为指挥信息系统的中心和武器平台。

（四）面向指挥信息互通

各级指挥控制中心的各种军事应用，诸如信息采集、数据融合、情报处理、资源管理、状态报告、态势评估、作战预案编制、仿真模拟、辅助决策、作战指挥、火力控制和战果统计等科目通过互通以统一建立一种开发与应用的支持环境。

信息化作战是陆、海、空、天、电磁的立体战争，战场上各军兵种武器系统之间需要密切联系、协同作战。战场上，风云瞬息万变，时间就是生命，信息就是胜利，各级指挥员需要及时地知彼知己，迅速做出决策。这要依靠完备的指挥信息系统才能够真正具有运筹于千里之外、决策于瞬息之间、调动千军万马于股掌之中的超常能力。

第二节　精确制导武器

20 世纪 80 年代以来的一系列局部战争表明，精确制导武器的大量使用，是人类战争步入高技术及信息化时代的一个最明显标志。随着电子信息技术的飞速发展和计算机技术的发展与普及，精确制导武器已经成为战场上不可缺少的兵器。

一、精确制导武器概述

(一)精确制导武器的概念

精确制导武器是指采用精确制导技术、直接命中概率在 50%以上的武器。目前精确制导武器的命中概率一般都在 80%以上。直接命中的含义是指制导武器的圆概率误差(CEP)小于该武器弹头的杀伤半径。

(二)精确制导武器的分类

精确制导武器是在常规武器的基础上发展起来的一种现代化武器。随着科学技术的发展和现代战争的需要，目前已研制出多种精确制导武器，如各类导弹、制导炮弹、制导炸弹、制导地雷和制导鱼雷等。导弹之外的制导武器又称为制导弹药。

导弹是依靠自身动力推进，能控制飞行弹道(轨迹)，将战斗部导向并毁伤目标的武器。通常由战斗部、推进系统、控制系统和弹体等部分组成。其分类方法很多：按作战任务可分为战略导弹和战役战术导弹；按弹道特征可分为弹道式导弹和巡航导弹；按射程可分为近程导弹(1000 千米以内)、中程导弹(1000—5000 千米)、远程导弹(5000—8000 千米)、洲际导弹(8000 千米以上)；按发射点和目标位置可分为地空导弹、地地导弹、空地导弹、舰舰导弹、舰空导弹、潜地导弹和空空导弹；按攻击目标可分为反坦克导弹、反舰导弹、反潜导弹、反卫星导弹、反辐射导弹和反导弹导弹；按发动机和推进剂的种类可分为固体导弹、液体导弹、固液导弹；按发动机装置的级数可分为单级导弹和多级导弹。

精确制导弹药可分为末制导弹药和末敏弹药。末制导弹药有寻的器和控制系统。在其弹道末端能根据目标和弹药本身的相对位置自行修正或改变弹道，直至命中目标。主要有制导炮弹、制导炸(航)弹和制导鱼雷等。末敏弹药不能自动跟踪目标，也不能改变飞行弹道，只能在可散布的范围内利用其自身的探测器(寻的器)探测和攻击目标。

二、精确制导武器的制导方式

随着高新技术的发展，精确制导武器的制导方式也多样化起来。按不同的控制导引方式，精确制导武器可分为自主制导、寻的制导、遥控制导和复合制导四种。

(一)自主制导

是利用弹载测量装置测定武器内部或外界某些固定的参考基础作为依据，产生控制信号，控制武器按预定的方案(弹道)飞行，直至命中目标。常用的制导方式有：惯性制导、程序制导、地形匹配制导、景象相关匹配制导、星光制导、GPS 制导等。自主制导由于和目标及指挥站不发生任何联系，对外界依赖性小，抗干扰能力强，武器射程远，但也有一经发射飞行弹道就不可改变的弊端。主要用于远程精确制导武器(弹道导弹、巡航导弹)的初始飞行段，适合于攻击固定目标。GPS 是美国 1993 年建成并投入使用的“导航星”全球定位系统的简称。它由空间设备、地面控制设备及用户设备三部分组成，部署 24 颗导航定位卫星，可为用户提供全天候连续实时高精度的三维位置、三维速度和精确的时间信息。GPS 制导就是利用 GPS 接收机接收 4 颗导航定位卫星的信号来修正武器的飞行路线。

(二)寻的制导

寻的制导又称自寻的制导，主要特点是通过弹上的导引系统(导引头或寻的器)感受目标辐射或反射的能量，自动跟踪目标，引导制导武器飞向目标。寻的制导精度高，但作用距离短，多用于末制导，适合打击运动目标。寻的制导按接收的能量(波长)可分为雷达制导、红外制导、毫米波制导、电视制导、激光制导等类型。按信号来源可分为主动寻的制导(弹上装有能量发射装置、照射源和接收装置)、半主动寻的制导(弹上装有接收装置，照射源安装在弹外的地面、舰上、机载制导站内)和被动寻的制导(不使用照射源，弹上只安装接收目标本身辐射能量的接收装置)三种基本类型。其中，主动寻的制导和被动寻的制导均具有“发射后不用管”的优点。

(三)遥控制导

遥控制导是通过设在精确制导武器以外(地面、飞机、舰艇)的制导站，来测定目标与武器之间的相对运动参数并形成制导指令，再通过弹上的控制系统，控制武器飞向目标。按指令传输方式和手段，遥控制导可分为指令制导和波束制导两大类。指令制导的方式主要有无线电指令制导、有线指令制导和电视制导；波束制导有雷达波束制导和激光波束制导。

(四)复合制导

复合制导是在一种武器中采用两种或两种以上制导方式组合而成的制导技术。各种单一制导方式有其所长，也有其所短，精确制导武器系统既具有作用距离远、精度高，又有较强的抗干扰能力，依靠单一的制导方式难以实现。因此，先进的精确制导武器系统往往采取复合制导方式。远程精确制导武器一般都采用复合制导系统。

三、防敌精确打击战法

精确制导武器虽然是一种先进的现代化武器，但并非完美无缺。首先，精确制导武器的使用需要有多种技术和情报保障，中间环节较多，一旦其中任何一个环节遭到破坏，就有可能使其丧失作战能力。其次，精确制导武器除惯性制导外，大都利用探测器来捕获目标。当前各类探测器获取目标信息的方式，不外乎是利用可见光、红外线、微波、毫米波和激光等，而工作在这些电磁波波段的制导系统都是可以干扰的。再次，战场环境(地形、目标与背景的反差、天时、电磁等)及气象条件都会影响精确制导武器威力的发挥。这些弱点为对抗精确制导武器提供了可能性。通常可采用以下三种对抗手段。

(一)火力摧毁

这是积极的、进攻性的对抗手段。

第一种是摧毁敌方精确制导武器的侦察预警、指挥控制系统，使敌方精确制导武器失去情报来源和保障。例如，阿富汗战争和伊拉克战争前，美国利用空中轰炸和巡航导弹、反辐射导弹袭击，基本摧毁对方的防空系统，使其防空导弹几乎未发挥作用。

第二种是摧毁敌方精确制导武器的发射系统。例如，海湾战争中，美国采用空袭(轰炸和巡航导弹远程攻击)、特种部队破坏或侦察出位置召唤地地战术导弹部队攻击等方式摧毁伊拉克的大部分“飞毛腿”导弹发射架。

第三种方式是拦截、摧毁已发射的精确制导武器。例如，海湾战争中，美军“爱国者”导弹拦截伊拉克的“飞毛腿”地地战术导弹。

(二)干扰欺骗

主要技术途径是干扰精确制导武器制导系统。对雷达制导系统，可发射干扰辐射，施放箔条干扰弹、诱饵弹，设置假目标等；对红外制导系统，可施放红外诱饵、红外干扰烟幕，发射强红外干扰辐射等；对激光制导系统，可发射激光束使来袭导弹偏离攻击方向，或施放能干扰激光束的宽波段烟幕气溶胶，也可施放水汽、水幕等进行干扰。

采用干扰欺骗方式对抗精确制导武器是一种既经济又有效的对抗手段，在历次局部战争中都曾发挥过重要作用。如1967年问世的“萨姆-6”导弹，在第四次中东战争中出尽风头，在战争的头两天就击落60余架以色列飞机，占击落以色列飞机总数的70%。然而在1982年的阿以战争中，由于以色列已掌握“萨姆-6”导弹的全部秘密，采用电子干扰机、无人机诱饵成功地干扰欺骗防空阵地上的雷达，仅用6分钟就将叙利亚部署在贝卡谷地的19个“萨姆-6”导弹阵地全部摧毁。又如，在1982年的英阿马岛战争中，阿根廷空军在取得击沉“谢菲尔德号”导弹驱逐舰这一重大胜利后，又于5月25日用“飞鱼”导弹对英“竞技神号”航母发起攻击，但由于“竞技神号”有效地采取电子对抗措施而使导弹偏离目标。而“竞技神号”右后方5—6千米处的“大西洋运送者号”集装箱船，由于没有装备电子战器材，而且船体、电磁波反射面很大，结果反被偏离航母目标之后的“飞鱼”导弹歪打正着，使英军又一次受到巨大损失。海湾战争中，伊拉克的防空导弹未能发挥出应有的作战效能，其中一个重要原因是由于它们受到多国部队的干扰。

（三）隐蔽伪装

除惯性制导外，其他制导系统都工作在电磁波的某一波段。因此，既可以用干扰欺骗的手段使这些制导系统效能大大降低，也可以用隐蔽伪装的方式达到同样目的。

隐蔽伪装的措施通常可以分为三类：第一类，隐蔽目标，使对方侦察、探测系统发现不了目标；第二类，降低目标的显著性，减少目标传送给制导装置的信息，使制导系统丢失目标；第三类，显示假目标，将制导武器的攻击威胁引向假目标。这里特别强调针对光电制导和雷达制导的伪装措施。

防光电制导的伪装措施主要有：利用天然伪装降低光电制导武器的效能；利用不良天候缩短光电制导武器的作用距离。如对于波长较短的紫外线、可见光及近红外线制导方式而言，小雨、小雪、小雾即可使作用距离降低20%，中雨、中雪、中雾可使作用距离降低70%，大雨、大雾、大雪几乎无法工作；对于波长较长的中远红外线制导方式，在空气特别潮湿并存在小水珠时或是大风刮起小石子、小土粒时，可使其作用距离下降60%—70%。架设人工遮障，使光电制导武器探测不到目标，从而无法实施发射；对目标实施迷彩伪装，可增加光电制导武器的误判率，延误其最佳发射时机；施放烟幕或气溶胶，可迅速阻断光电制导系统的光路，使制导武器脱靶；制造光电假目标，能将光电制导武器引向假目标。

烟幕对付光电制导，最早是在越南战场上出现的。当时，美空军采用激光制导炸弹，攻击越南许多重要桥梁和地面目标，但在轰炸河内发电厂时，由于越军适时施放烟幕，并配合以人工喷水，形成局部大雨，使得美军投放的数十枚激光制导炸弹无一命中发电厂的关键部位，供电仍照常进行。在海湾战争中，美军轰炸伊军地面目标时，由于伊军点燃许多油井，造成某些目标区浓烟滚滚，美军飞行员发现不了目标，无法发射红外制导导弹和投掷激光制导炸弹，使五六架次的飞机携弹返航。科索沃战争中，南联盟军队用胶合板、硬塑料、铁皮等材料制作大量导弹及发射装置的假目标，在这些假目标内安装无线电回答器和金属角反射器，有的还安装热源，有效地制约北约军队先进的侦察系统和制导手段，提高自己的生存能力。

防雷达制导的伪装措施有：利用天然障碍物，阻碍和衰减雷达波的传输；设置防雷达隔绝遮障，阻断入射电波或降低反射电波的能量；使用防雷达的伪装涂料，减少目标传递的能量信息，达到隐形或部分隐形的目的，从而减弱制导系统接收的导引信息，使导弹失去目标；布设防雷达干扰遮障，使雷达制导武器无法寻找真目标；施放防雷达烟幕，阻隔制导雷达波，使雷达制导武器失灵；使用雷达假目标，将雷达制导武器吸引到假目标上去。

防雷达制导的干扰遮障，主要利用能够强烈反射雷达波的反射体(如角反射器等)，在目标区域按一定的规律和数量设置，或是在导弹来袭时适时施放，始终使制导雷达的分辨单元达到饱和，从而将导弹导向干扰遮障的中央，也就是说干扰遮障组成一个新目标，导弹则向强烈反射雷达波的新目标的中心飞去。若将真目标配置在干扰遮障边缘地带，则可降低真目标的损伤概率，或当制导雷达的波束罩住反射能量特大的干扰遮障时，配置在其中的活动目标迅速机动进行规避，以起到保护真目标的目的。

雷达假目标，主要利用可强烈反射雷达波的反射体制成，如角反射器等。角反射器可以用来模拟各种假目标，如舰艇、飞机、坦克、火炮、桥梁、仓库等，一个由边长 40 厘米的正方形组成的角反射器可模拟一辆重型坦克的雷达回波。对于活动目标，可采用拖曳式假目标加以保护。二战期间，英、美空军首先使用拖曳一些能产生强大的反射雷达信号的金属网，吸引德国的导弹、炮瞄雷达和高炮火力，这可以说是防雷达制导的雏形。

对地面或水面目标采用火箭发射的假目标进行防护，这类假目标通常为雷达箔条，它采用火箭弹发射形式。在 1967 年第三次中东战争中，埃及小型“黄蜂”导弹快艇发射6枚冥河反舰导弹，六发六中，取得击沉以色列“埃拉特号”驱逐舰的战绩；但在六年后的第四次中东战争中，以色列在导弹艇上装备有源、无源干扰对抗设备，当埃及舰艇发射反舰导弹时，以色列导弹艇立即发射远程箔条火箭假目标，诱骗埃及导弹偏离攻击方向，同时还发射近程箔条假目标，再次诱骗那些未偏航的反舰导弹。结果以色列导弹艇先后与埃及、叙利亚的导弹艇、炮艇交战三次，埃、叙共发射冥河反舰导弹50多枚，却无一命中，反被以色列发射的反舰导弹击沉12艘导弹快艇。

第三节 隐身伪装技术

一、隐身技术

(一)隐身技术概述

隐身技术是通过降低武器装备等目标的信号特征，使其难以被发现、识别、跟踪和攻击的技术，又称作隐形技术、低可探测技术、目标特征控制技术。

隐身技术是交叉应用诸如流体动力学、材料科学、电子学、光学、声学等众多学科领域技术的综合性技术，起源于第二次世界大战。战后，虽然美国等国相继开展隐身技术研究，但由于初期的研究只是把隐身技术放在从属于电子战的次要地位上，忽视隐身机理的研究，因而发展缓慢。20世纪80年代以来，隐身技术得到突飞猛进的发展，已被应用于研制隐身飞机、隐身导弹、隐身坦克、隐身舰船等各种隐身武器装备，有的已研制成功并投入战场使用。

(二)隐身技术现状

由于现代战场上的侦察探测系统主要有雷达、红外、电子、可见光及声波等探测系统，因此，目前的隐身技术可以相应地分为反雷达探测隐身技术、反红外探测隐身技术、反电子探测隐身技术、反可见光探测隐身技术和反声波探测隐身技术。

1. 反雷达探测隐身技术

雷达是最重要的侦察探测装置之一，反雷达探测隐身技术自然成为一种最重要的隐身技术。雷达发射出的电磁波遇到金属目标时会发生反射。由于军事目标(如飞机、导弹等)的形状很复杂，雷达波照到目标上会在各种不同的方向上发生反射(散射)。要想提高目标的隐身能力，就必须减弱雷达所能接收到的反射波，即减小目标的雷达散射截面积(RCS)。反雷达探测隐身技术就是减小目标在探测雷达接收天线方向上的雷达散射截面积(雷达回波信号强度)，以降低敌方雷达对目标探测概率的技术。目前，国外使用和研究的反雷达探测隐身技术主要有以下五类。

一是隐身外形技术。合理设计目标外形，是减小雷达散射截面积的重要措施。以隐身飞机为例，飞机的机身、机翼、翼身接合部、雷达罩、座舱罩、垂尾、进气道、尾喷管等是雷达波的强反射体。减少这类强反射体，消除角反射器，消除联结体间的缝隙及突出部位，是隐身外形设计的基本要求。目前采用的主要技术措施是：合理控制机(弹)体的整个外形，避免表面采用大的平面和大的凸状弯曲面，以抑制镜面强反射。

二是隐身材料技术。隐身材料技术是目前正在兴起的一种行之有效的雷达隐身技术。目前研制的隐身材料主要有雷达吸波材料和雷达透波材料，按其使用方法可分为涂料型和结构型。在减小雷达散射截面积方面，通常透波材料所起的作用并不大，主要使用雷达吸波材料。雷达吸波材料按工作原理可分为三大类：谐振型吸波材料、宽频带吸波材料、综合型吸波材料。

三是自适应阻抗加载技术。在金属体目标(如飞行器)表面人为地附加集中参数或分布参数的阻容元件，改变蒙皮表面的电流分布，使其产生与雷达回波的频率、极化、幅值相等但相位相反的附加辐射波，它与雷达回波相抵消，从而达到减小目标雷达散射截面积的目的。

四是微波传播指示技术。利用计算机预测雷达波束在不同大气条件下传播发生畸变所产生的“空隙”和“波道”，使突防飞行器在雷达波覆盖区的“空隙”、“盲区”或“波道”外飞行，可避开敌方雷达的探测。这种技术已在防空和突防的应用中进行过试验。

五是等离子体隐身技术。用等离子气体层包围飞机、舰船、卫星等目标表面，利用其对雷达波具有的特殊吸收特性和折射特性，使雷达回波的能量减小。

上述反雷达探测隐身技术都存在着一定局限性。例如，隐身外形设计可降低飞行器的雷达散射截面积，但会影响其气动性能；飞行器表面涂敷吸波材料，会增加其重量，影响其载荷能力等。因此，各项隐身技术要使用得当，不可过之。采用各种隐身技术只能降低目标的被探测概率，不能达到完全隐身。

2. 反红外探测隐身技术

电磁学和热辐射的研究证明，温度高于绝对零度(即－273℃)的任何物体都在不断向外发出红外辐射。一般而言，物体的温度越高，其红外辐射越强。而飞机、导弹等军事目标正是这类发出强红外辐射的目标，因而更利于用红外探测系统进行探测。

反红外探测隐身技术就是为了抑制目标在敌方红外探测系统方向上的红外辐射，以降低敌方红外探测系统对目标探测概率的技术，简称红外隐身技术。目前，反红外探测隐身技术的重要性仅次于反雷达探测隐身技术。各国研制的隐身武器基本上都综合采用这些反红外探测隐身技术。

红外隐身技术隐蔽的信息是目标(如飞机、导弹等)的相对辐射能级与红外辐射特征，重点是目标的红外辐射强度和辐射波段。因此，尽管为达到红外隐身目的采取了许多技术措施，但它们大致可以概括为以下三个方面的技术。

一是降低红外辐射强度。目前，国外已经采用或正在研究的措施有：飞机采用散热量小的高涵道比涡轮风扇发动机，坦克采用陶瓷绝热发动机等，以降低目标的红外辐射强度；采用金属—石棉—金属夹层材料制作飞机发动机机舱的衬里，以对发动机进行隔热，防止发动机热量传给机身，降低飞机的红外特征；飞行器表面采用吸热、隔热材料和涂料，主要有红外反射涂层、漫反射伪装涂料、隔热泡沫塑料和中远红外伪装涂层等，以抑制目标表面温度和抗红外辐射；研制和使用能够降低排气红外辐射的燃料；采用闭合环路冷却的环境控制系统，把载荷设备(如座舱和机载电子设备等)产生的热集中传给燃油，以减少目标的热辐射。

二是改变红外辐射波段。这种技术能够使飞机等目标的红外辐射波段处于红外探测器的响应波段范围之外，或者使目标的红外辐射避开大气窗口而在大气层中被吸收和散射掉，从而达到隐身目的。具体技术措施包括采用可变红外辐射波长的异型喷管，在燃料中加入特殊添加剂，以改变排气的红外辐射波长。

三是调节红外辐射的传输过程。先进的直升机动力排气系统的红外抑制器具有这种功能，因而能有效抑制红外探测器威胁方向的红外辐射特征。

由于各种军用目标的红外辐射特征不同，所采用的反红外探测隐身技术措施的侧重点也有所不同。例如，飞机的红外辐射源较多而又较强，因而反红外探测隐身技术需综合采用上述多种措施，直升机主要通过改变发动机排气方向来控制红外特征；巡航导弹的主要红外辐射源是发动机的喷口和尾焰，因而就把改进发动机结构形式、降低尾焰温度及改变尾焰的空间分布等作为反红外探测隐身技术的重点；弹道导弹弹头再入段的气动加热是其红外隐身的重点，因而就采用纳米波红外隐身涂层、长波红外烟雾遮蔽技术、双向异性多层薄膜涂层等降低弹头的红外特征。

3. 反电子探测隐身技术

目标除了容易被敌方的雷达和红外探测系统发现之外，其本身所载的电子设备因不断向外辐射电磁波信号，也容易被敌方的电子侦察系统发现。为了使目标不被性能越来越高的电子侦察系统(如地对空雷达干扰系统、通信干扰系统等的侦察接收机)所发现，反电子探测隐身技术也成为一种重要的隐身技术。

反电子探测隐身技术是抑制目标自身电磁辐射，以降低敌方电子探测系统对目标的探测概率的技术，简称为电子隐身技术。由于飞机、直升机、导弹等目标自身的电磁辐射源主要是其所载的各种电子设备，如雷达、雷达高度表、通信系统、控制系统、电子对抗系统(雷达干扰机、通信干扰机等)、无线电信标等，所以，目前经常采用的抑制目标自身的电磁辐射主要措施有以下五条。

一是减少无线电设备。如用红外设备代替多普勒雷达，用激光高度表代替雷达高度表，用全球定位系统或天文惯导系统代替无线电导航系统等。

二是采用低截获概率技术改进电子设备。如采用发射功率自动管理技术，雷达一旦捕获到目标，使其发射功率降至跟踪目标所需功率最小值，并随着接近目标继续自动降低发射功率；在时间、空间和频谱方面控制无线电设备的电磁波发射；采用频率捷变技术，以降低信号被识别的概率；采用基地/双基地雷达等电子探测系统；武器装备等目标采用被动雷达等电子探测系统，使其处于无源状态等。

三是减小电线的电磁辐射。如尽量缩短各种电子设备的距离，用光缆取代电缆连接各种电子设备等。

四是避免电子设备天线的被动反射。如将天线做成能嵌入目标体内的结构，不使用时将天线收回体内等。

五是对电子设备进行屏蔽。如改进武器装备的结构，采用特殊材料和涂料，以减少向外辐射电磁能等。

4. 反可见光探测隐身技术

控制目标的电磁散射、辐射和红外辐射特征，虽然可对雷达、电子和红外探测系统发生作用，达到隐身目的，但对可见光波段的光学探测、跟踪、瞄准系统(如可见光相机、电视摄像机等)则达不到隐身目的。为此，反可见光探测隐身技术也获得迅速发展。

所谓反可见光探测隐身技术，是通过减少目标与背景之间的亮度、色度和运动的对比特征，达到对目标视觉信号的控制，以降低敌方可见光光学探测系统对目标的探测概率的技术。目前，国外正在研究的反可见光探测隐身技术的措施主要有以下五条。

一是改进目标外形的光反射特征。如飞机和直升机的座舱罩设计成多面体，用小水平面的多向散射取代大曲面反射(效果与镜面反射相当)，从而将太阳光向四周散射开去，减小光学探测系统发现目标的概率及其瞄准、跟踪的时间。

二是控制目标的亮度和色度。如在目标表面涂敷迷彩涂料或挂伪装网，使目标与背景的亮度匹配；涂敷能随环境亮度变化而改变自身亮度与色度的涂料，以保证目标与背景随时处于一致状态；用有源光照亮目标低亮度部位，并用传感器调节整个目标的亮度，以消除目标不同部位的亮度对比，达到整个目标与背景亮度的匹配等。

三是控制目标发动机喷口的火焰和烟迹信号。如采用不对称喷口降低喷焰温度，从而降低喷焰光强；采用转向喷口或喷口遮挡，以使目标在探测方向上减小发光暴露区；改进燃烧室设计，使燃料充分燃烧，或在燃油中加入特殊添加剂以减少烟迹；飞机在战术运用上不进入拉烟层等。

四是控制目标照明和信标灯光。如对夜间照明和信标灯光多的目标实行灯火管制，对必要的灯光在一定角度范围内进行遮挡等。

五是控制目标运动构件的闪光信号。试验表明，飞机二叶旋桨的闪烁信号要高于四叶或多叶旋桨；高于16赫兹的旋桨频率可避免桨叶的明显闪光信号。

5. 反声波探测隐身技术

反声波探测隐身技术也叫声频特征信号控制技术，就是控制目标的声波辐射特征，以降低敌方声波探测系统对目标的探测概率的技术，简称声波隐身技术。许多目标(如飞机、坦克和舰艇等)都会向周围介质(如空气、大地和水下等)辐射高能级噪声声波，极易被敌方噪声传感器、声呐等声波探测系统探测到。目标的噪声源，主要是发动机等机械的工作噪声、目标及其部件(如旋桨)运动和排气对周围介质的扰动噪声，以及目标体与其构件的振动噪声等。为了降低目标向周围介质传播的噪声，目前研究的具体技术措施有以下五条。

一是改进发动机和辅助机的设计。如采用超低噪声发动机和辅助机等。

二是应用吸声和阻尼声材料。使用橡胶、塑料等非结构型雷达吸波装置，既可降低雷达散射截面积，又可作为噪声阻尼器缩减机械振动等。

三是采用减振和隔声装置。采用双弹性支承基座、橡胶和软塑料座舱和履带等，可以起到减振作用；采用隔声罩、消声器、消声瓦等，起到隔音作用。

四是减小旋桨运动对介质的扰动噪声。如增加旋桨叶数并降低旋速，舰艇采用主动气幕降噪法等。

五是合理进行目标整体设计，以避免发生共振现象。

采用上述技术措施虽能降低噪声，但不能完全消除噪声。因此，消除目标噪声问题目前还未能从根本上解决。

(三)隐身技术的运用

隐身技术运用的直接形式，是发展隐身武器装备。隐身武器装备，是应用隐身技术研制的不易被敌方雷达、红外、电子、可见光和声波探测系统发现的武器。隐身技术为有效地解决武器装备的战场生存问题提供新途径。因此，隐身武器装备格外受世界各国军队青睐。

1. 隐身飞机

隐身飞机是隐身武器研制和发展最快、取得成果最多的领域。隐身飞机之所以能有效地对付雷达、红外、电子、可见光和声波的探测，就是由于它综合运用各种隐身技术，降低飞机的雷达截面积、红外辐射特征，控制飞机的可见光目视信息特征及降低飞机的噪声等。美国的 F-117A 是世界上第一种按低可探测性技术设计原理研制并投入实战的隐身攻击机。B-2 是美国第二代隐身轰炸机，具有更好的隐身效果。F-22“猛禽”战斗机，是当今世界唯一的实用型第四代先进战斗机，其设计兼顾超音速巡航和隐身特性两方面的需要，具备超高机动性与隐身性能。F-22 隐身技术包括进行外形优化、电磁及热信号屏蔽、关键部位覆盖隐身涂料、加装“电子欺骗”。俄罗斯在研发新型作战装备时十分注意突出武器装备的隐身性能，如苏-47“金雕”战斗机，尽管在隐身性能上比 F-22 稍逊一筹，但采用类似 F-22 的平滑流线型外形设计，前掠翼几乎全部采用复合材料制成，机体外涂敷雷达吸波材料，其隐身性能当属世界一流。我国也有歼-20 和歼-31 两款隐形战斗机。

2. 隐身导弹

隐身导弹是伴随隐身飞机发展起来的，目的是减小被拦截概率，增强突防和攻击能力。导弹隐身主要是通过采用雷达吸波材料及特殊的头部外形设计以减小雷达散射面积，改进发动机及尾气排放装置以降低导弹的红外特征来实现的，如AGM-86B型、AGM-109C型隐身战略巡航导弹都是近年来美国成功研制的隐身导弹。法国生产的巡航导弹，采用翼身融合体，使用吸波材料来减少雷达截面积。隐身导弹已成为一种发展趋势，不仅发展隐身巡航导弹、地对空导弹、反舰导弹，有些国家还正在探索研制隐身洲际弹道导弹。

3. 隐身舰船

隐身飞机的迅速发展和出色表现，极大地促进隐身战舰的发展，美国"海影号"隐身军舰脱颖而出，并进行了一系列海上试验。目前美国海军装备的"洛杉矶"级、"海狼"级潜艇都是隐身潜艇，如"海狼"是世界上最安静的潜艇。俄罗斯充分利用其处于世界领先水平的舰艇隐身技术优势，精心打造超级隐身军舰。瑞典海军的"维斯比"级隐身护卫舰在隐身性能上属世界先进水平。

进入21世纪，世界各国特别是美、俄、英、法等军事强国都加大隐身技术的研究力度，拓展研究范围，并在传统隐身技术研究基础上，不断探索仿生学隐身技术、等离子隐身技术、微波传播技术、有源隐身技术等新的隐身机理，研制高分子隐身材料、纳米隐身材料、结构吸波材料、智能隐身材料等。可以预见，隐身技术发展前景非常广阔。

(四)对抗隐身兵器的方法

在技术上，应不断拓展现行侦察手段和途径，提高现行侦察系统对隐身兵器的探测和跟踪能力。在战术上，坚持防护和打击相结合，努力提高我国地面部队的生存能力。

首先是注重对现有雷达进行技术改造，加速研制具有反隐身能力的新型雷达，具体方法如下。

拓展现行雷达的工作波段，研制具有反隐身能力的毫米波雷达和米波雷达。目前隐身兵器所采取的技术措施只能对厘米波段和分米波段的雷达波有效，对于毫米波段及米波段雷达的隐身效果并不明显。米波可穿透隐身涂层，而毫米波不易被吸波材料所吸收。因此，如能对现行雷达进行技术改造，使工作波段拓展到毫米波或米波段，就可使目前隐身兵器所采取的隐身技术措施失效，提高雷达探测隐身兵器的能力。如俄罗斯军队有一种雷达，其工作波长为 9 毫米，对隐身飞机的探测距离达到 1200 千米左右。

研制和使用双(多)基雷达。有些隐身技术处理方法是改变兵器电磁波的散射方向，使回波信号与入射波形成一夹角，此时雷达就因接收不到目标反射的信号而探测不到目标。如果这时在雷达波反射的地方恰好有一部被动雷达，而这部雷达与探测雷达(主动雷达)之间又能同步工作的话，就能对接收到的雷达信号进行分析，从而探测到目标。这种只接收信号而不发射信号的被动式雷达的造价要低廉得多。因此，可以在主动雷达的周围部署多部被动式雷达，形成严密的雷达信号接收网，就能接收到目标反射到各个方向上的雷达波信号，从而探测到隐身兵器。

使用无源雷达。捷克一位科学家提出无源雷达的思想。其原理是，飞行空间中充满各种各样的无线电波，只要有飞行器从中飞过，就如同水面上有船驶过一样，空中的无线电波就会出现异常，这时就可以用被动雷达(只能接收电磁波的雷达)“组网”来探测这种异动，从而分析出飞行器的运动轨迹，探测到隐身飞机。根据这一原理，捷克制造出“维拉”无源雷达，性能优越，能有效地提高对类似美军 F-117A 隐身飞机这类目标的探测能力，对隐身飞机造成巨大威胁。

充分发挥传统战法的威力，从多种途径提高探测隐身兵器的能力。如利用动物对声音、光线等物理信息的特殊敏锐性，就有可能探测到隐身兵器。据报道，在美军 F-117A 隐身飞机的试飞训练中，只要飞机一起飞，拴在机场跑道上的几条用于试验的狗都会表现得极为恐惧。这证明狗能听到飞机发动机噪声，并且这种噪声的频率在人耳听不到的两万赫兹以上。这就启发我们：可以在战时一些重要目标的外围，敌隐身飞机可能来犯方向上，用动物组成若干个隐身飞机的侦察、探测点，利用我军目前已建立的 C^4ISR 系统的通信网络，及时把发现的信息传递到防空指挥中心，就能组织及时有效的防空。

研制一些新型的探测和打击兵器。如着手研制新型红外探测器材、新型声测器材、激光雷达等，可有效提高探测能力；同时也不应放松诸如高能量微波武器、激光武器的研制工作，利用隐身兵器吸收电磁波的特性，使其一旦接收到高能量的电磁波，就会因吸收大量能量而引起温度的迅速升高，直到将兵器表面的吸波材料烧毁，达到将其击毁的目的。

进行战术防护。具体地说，一是实施严密的战场伪装，以有效的战场隐蔽对抗敌人战前开始的隐身侦察；二是合理部署兵力兵器，以化整为零的分散式部署对抗敌人的精确打击；三是加强组织有效的侦察、工程防护和积极的打击行动，变被动的防护为主动的打击行为。

二、伪装技术

(一)伪装技术概述

伪装，是隐蔽自已和欺骗、迷惑敌人所采取的各种措施，即“隐真示假”。其基本原理就是通过利用电子、电磁、光学、热学、声学技术手段，改变目标本身原特征信息，实现目标对周围背景的模拟复制，降低或消除目标的可探测特征，以实现目标的“隐真”；或者模拟目标的可探测特征，以仿制假目标欺骗敌方。

在信息化战争中，伪装被用来躲避各种雷达设备、光学照相机、电视摄像机、红外扫描仪、热像仪等光电侦察设备的侦察，以及用于对付制导武器。

伪装的分类：按运用范围可分为战略伪装、战役伪装和战术伪装；按所对付的侦察器材可分为对付侦察卫星、高空侦察机、低空战术侦察设备及地面区域性侦察设备的伪装。伪装的技术措施主要包括：天然伪装、迷彩伪装、植物伪装、人工遮障伪装、烟幕伪装、假目标伪装、灯火与音响伪装。

(二)伪装技术措施

1. 天然伪装技术

指充分利用地形、地物、夜暗和能见度不良的气候条件(雾、雨、风、雪等)，隐蔽目标或降低目标的显著性。天然伪装技术主要用于躲避光学侦察，在一定条件下也能对付红外侦察、雷达侦察、声测和遥感侦察。

2. 迷彩伪装技术

指利用涂料、染料和其他材料，来改变目标及其遮障和背景的颜色、斑点图案，以消除目标的光泽，降低目标的显著性和改变目标外形。迷彩伪装技术分为保护色迷彩、变形迷彩、仿造色迷彩、光变色迷彩、多功能迷彩等。

3. 植物伪装技术

指利用种植植物、采集植物和改变植物颜色等方法对目标实施伪装的技术。植物伪装技术简单易行，所以在现代战争中仍是常用伪装技术，而且十分有效。

4. 人工遮障伪装技术

指利用各种制式伪装器材设置对目标进行遮蔽的屏障，伪装遮障由遮障面和支撑构件组成。遮障面采用制式的伪装网或就便材料编扎，制式遮障面有叶簇式薄膜伪装网、雪地伪装网、伪装伞、反雷达伪装网、反红外侦察伪装遮障和多频谱伪装遮障等。支撑遮障按其用途和外形可分为水平遮障、垂直遮障、掩盖遮障、变形遮障和反雷达遮障等五种。

5. 烟雾伪装技术

指利用烟雾遮蔽目标，迷惑敌人。这种无源干扰技术通过散射、吸收的方式衰减光波能量，干扰敌方光学侦察。在红外波段，经过改进的烟幕同样具有遮蔽作用。同时，烟幕还可用于对付激光制导炸弹等。

6. 假目标伪装技术

指运用仿造的兵器(如假飞机、假火炮、假坦克、假军舰等)、人员、工事、桥梁等形体假目标，迷惑敌人，吸引敌人的注意力和火力，从而有效地保护真目标。假目标伪装技术的关键在于，假目标的制作外形、尺寸应与真目标一致，在红外辐射及微波反射特性上，应尽量类似于真目标。此外，假目标还可以是各种角反射器或龙勃透镜反射器，它们能强烈反射雷达波而形成假目标。

7. 灯火与音响伪装技术

是通过消除、降低和模拟目标的灯火与音响暴露征候，以隐蔽目标或迷惑敌人所采取的伪装技术。灯火伪装分为室内灯火伪装和室外灯火伪装。音响伪装可通过消除音响使目标音响在到达侦听点时比环境噪声小 15 分贝。如不能达到消除音响的要求，也应当尽量降低音响，声级每降低 6 分贝，可使侦听距离减少 1/2。

第四节 电子对抗技术

随着科学技术的不断发展，电子技术几乎渗透到军事技术的各个领域。电子技术水平的高低和装备数量的多少，已成为军事系统现代化水平高低的重要标志之一。

一、电子对抗概述

(一)电子对抗的定义

电子对抗也称电子战，是指利用电磁能和定向能以控制电磁频谱或用电磁频谱攻击敌方的电子设备(系统)、器材，削弱、破坏敌方电子设备(系统)的使用效能，保护己方电子设备(系统)正常发挥效能的电磁斗争。

电子对抗(电子侦察、干扰)一般不能直接对敌人员和武器装备构成杀伤，但它能使敌无线电通信指挥系统失灵、雷达迷茫、火炮和导弹等武器失控，为保卫自己和大量杀伤敌有生力量创造条件。因此，它在现代战争中的地位越来越重要，成为军事电子技术中发展最快的领域之一。

(二)电子对抗的产生与发展

1906 年，德国福雷斯特研制出世界上第一只可以对无线电信号起放大作用的真空三极管。这是电子技术发展史上的一次重大突破，它不仅促进军用电报、电话和广播事业的迅速发展，也为电子对抗准备了条件。

第一次世界大战中，电子对抗作为一种作战手段引起军事人员的兴趣。第二次世界大战前夕，各军事强国都努力发展自己的军用电子技术，旨在争夺电磁优势。1937 年 2 月，英国政府决定在英国东南沿海地区设置雷达网，该项工程于 1939 年夏天全面完成。第二次世界大战期间，英国东南沿海的雷达网在保卫英伦三岛的防空战役中发挥出重要作用。

第二次世界大战后，电子对抗进入到缓慢发展时期。直至 1947 年末，美国贝尔电话试验室的三名物理学家肖克莱、巴丁和布拉坦研制成功第一只点接触型锗晶体三极管后，电子技术才有新的突破性进展，为电子对抗设备向着功耗低、体积小、重量轻的方向发展提供了有利条件。朝鲜战争中，美军将二战中使用过的老式干扰机安装在 B-29 飞机上实施无线电干扰。战争结束后，美官方出版的《美国空军在朝鲜》一书中指出，如果当时没有电子对抗的支援，B-29 飞机的损失很可能是原来的三倍。

20 世纪 50 年代后期，人们对电子对抗技术又有了新认识。先是在携带核武器的战略轰炸机上安装多种类型的电子对抗设备，以干扰敌方的地面预警雷达、引导雷达和导弹制导雷达，对抗敌人歼击机的无线电指挥通信系统和截击雷达系统。飞机上还装有消极干扰弹，投放锡箔条引诱敌人的红外寻的导弹。20 世纪 60 年代初出现一种专用的电子对抗武器系统，美空军研制形似飞机、头部装有一个雷达反射体，代号为“鹌鹑”的灵巧装置，上面装有一部和 B-52 重型轰炸机上使用的无线频率完全相同的干扰发射机，可用同样频率施放无线电干扰。在越南战场及其以后的多次局部战争中，电子对抗成为一种不可缺少的作战方式，争夺战场的电磁优势成为争夺战争整体优势的一个重要组成部分。

20 世纪 80 年代以来，军事指挥、控制、通信和高技术武器装备的运用更加依赖于电子技术。随着微电子技术、计算机技术和数字技术的广泛应用，电子对抗逐步发展为信息对抗。电子对抗技术在适应密集复杂多变的电磁信号环境，拓宽频谱、增强信号分选识别能力，增多干扰样式、提高干扰功率，缩短系统反应时间，以及综合一体化、人工智能、自适应、对多目标和新体制电子设备的干扰能力等方面，发展到一个崭新阶段。

二、电子对抗的主要作用

(一)获取重要军事情报

未来战争是信息化战争。利用电子对抗的装备和手段，查明敌电子设备的工作性能、技术参数、类别、数量和配置位置等，判断其兵力部署和行动企图，是赢得战争胜利的关键。1943 年 4 月，日本海军大将山本五十六到前线(所罗门群岛)视察，日本第8舰队司令给另一个指挥所发出的视察路线、时间的电文被美军截获并破译，当山本五十六出发后，美军出动18架战斗机将山本座机击落。

海湾战争中，为了对伊拉克实施空袭，获取伊军雷达及防空系统情报，美国至少用12种共18颗侦察卫星，300余架预警侦察飞机及地面电子情报站对伊军进行侦察。伊军大多军事行动难逃以美国为首的多国部队“电子耳目”的监视。海湾战争爆发前，沙特在美国授意下数次派战斗机闯入伊领空，以激起伊军的雷达反应，从而测定其雷达位置，分析其性能。美军空袭时对这些雷达顺利实施电子干扰和压制。美国情报部门还为美军提供伊拉克的核生化武器和导弹的研制以及常规武器生产设施的情况及位置，为轰炸提供目标信息。

(二)破坏敌方作战指挥

破坏敌军指挥系统，使敌军瘫痪，陷入被动挨打的地位，是电子对抗的重要任务。1944年，苏军在加里宁格勒附近包围德军一个重兵集团，德军试图用无线电与大本营联络，求得增援和突围。苏军派出无线电干扰分队压制住德军的无线电通信，使德军250次联络未能成功，最终全军覆灭。德国集团军司令被俘后供述，投降的主要原因之一是无法与大本营取得通信联络。2003年伊拉克战争中，美军使用大量微波炸弹，袭击伊拉克广播电视系统和各类军用电磁辐射源，致使伊军指挥系统全面瘫痪。

(三)掩护突防和攻击

雷达作为预警和兵器制导装备，已成为防御体系的“哨兵”和“千里眼”，能对空、对海实施警戒，及早发现来袭敌机、导弹、舰艇，可对火器实施射击控制和导弹的制导等。因此，进攻时应对敌雷达系统实施干扰、欺骗或摧毁，使其失去效能。在海湾战争中，多国部队空袭编队得到各种电子战飞机4000多架次的电子支援，掌握制电磁权，有效掩护突防，致使伊军作战飞机和防空导弹部队未能做出有效反应。

(四)保卫重要军事目标

在重要城镇、桥梁、机场、工厂和军事要地等目标附近，设置雷达干扰设备或采用欺骗手段，能有效干扰敌轰炸机瞄准雷达和导弹的制导系统，使飞机投弹不准，导弹失控，降低被击中概率，达到保卫重要目标的目的。如海湾战争中，伊军"飞毛腿"导弹发射系统对多国部队构成一定威胁，成为多国部队重点轰炸目标。伊军为了欺骗多国部队，用铝板和塑料制成许多假导弹发射架，这些假导弹发射架在雷达荧光屏上显示的雷达回波与真发射架极为相似，引诱多国部队无效轰炸，有效地保存了实力。

(五)夺取战场主动权

未来信息化战争中，电子对抗将发挥重大作用。没有制电磁权，就很难有制天权、制空权、制海权、制陆权，就很难掌握战场主动权。国外有人把电子对抗比作高技术武器的保护神和效能倍增器，视为与精确制导武器、C^4ISR系统并列的高技术战争三大支柱之一。

三、电子对抗的主要方式

电子对抗的主要方式有无线电通信对抗、雷达对抗、光电(红外、激光)对抗和网络对抗等。电子对抗宏观上包括电子对抗与电子反对抗两个方面。电子对抗手段不断创新，派生有电子隐身与反隐身、电子制导与反制导等，归结起来主要包括：电子侦察与反侦察、电子干扰与反干扰、摧毁与反摧毁以及网络进攻与防御等。

(一)电子侦察与反侦察

1. 电子侦察

电子侦察是一种搜索、截获敌方电子设备的电磁辐射信号，从中获取其战术、技术特征参数及位置数据等情报的活动。它是电子对抗的组成部分，目的是组织实施电子干扰和电子防御，为部队作战行动提供准确情报。

电子侦察是通过截获、探测、分析、识别威胁辐射源信号特征及有关参数，输出各类辐射源的特征报告，然后对多类报告的信息进行相关跟踪/滤波、融合/归并、识别/更新、态势评价和威胁估计等数据处理，获得准确可靠和完整的电子情报，为电子对抗及作战提供情报。

电子侦察按对象可分为雷达侦察、通信侦察和光电侦察。雷达侦察是指侦测、记录敌方雷达及雷达干扰设备的信号特征参数，并对其定位、识别。通信侦察是指对敌方无线电通信电台和通信干扰设备，进行侦察测向、定位，并根据通信电台的技术性能、通信诸元、通联规律，判别通信网的组织、级别和属性。光电侦察是指截获和识别敌方激光雷达、激光制导武器的激光辐射信号和飞机、坦克、导弹等本身的红外辐射信号。

电子侦察是夺取电磁优势的前提条件，没有时空限制，每时每刻都要进行，是和平时期电子对抗的主要形式。现代信息化战争需要电子侦察向扩大侦察范围、对重点地区保持不间断监视、改进电子侦察技术、提高侦察效能、研制智能化接收系统、扩大侦察频段、提高信号截获概率和测量精度以及提高分析处理能力的方向发展。

2. 反电子侦察

反电子侦察是为了防止敌方截获、利用己方电子设备发射的电磁信号而采取的措施，目的是使敌方难以截获己方的电磁信号，或无法从截获的信号中获得有关情报。

反电子侦察的主要措施有：电子设备设置隐蔽频率和战时保留方式，平时采用常用频率工作；减少发射次数，缩短发射时间，尽可能采用有线电通信、摩托化通信、可视信号通信等通信手段；使用定向天线，充分利用地形的屏蔽作用，减少朝敌方向的电磁辐射强度；将发射功率降低至完成任务的最低限度；转移发射阵地不使敌人掌握发射规律；减少发射活动，实施静默。其具体做法还有：设置简易辐射源，实施辐射欺骗或无线电佯动；采取信号保密措施，使用不易被敌截获、识别的跳频电台等新体制电子设备。

电子侦察无论平时、战时都在不间断地进行着，反电子侦察已成为经常性的电子防御措施。反电子侦察涉及所有作战部队，必须严密组织、统一实施，与其他反侦察手段结合使用。

(二)电子干扰与反干扰

电子干扰与反干扰，是现代战争中夺取战场电磁优势极为重要的作战手段，需要灵活掌握，正确决策，实施计划管理。

1. 电子干扰

电子干扰是采用专用的发射信号干扰、破坏敌方电子系统正常工作的专用技术。其目的是削弱或破坏敌方电子系统遂行战场侦察、作战指挥、通信联络和兵器控制能力；为隐蔽己方企图，达成战役、战斗的突然性和提高己方飞机、舰艇、装甲车辆等武器装备的生存能力创造有利条件。

电子干扰宏观上可分为有源干扰、无源干扰两大类。按干扰专业、干扰专用平台、干扰技术、干扰方式和干扰机组成类型也有多种分类法。电子干扰要根据不同的专业领域、技术特点、电子设备类型、信号波形，设计相应的干扰波形，如预警、探测、目标监视雷达与跟踪、制导雷达、火控雷达的干扰技术就不同。不同的干扰平台、作战环境，干扰机设计原则、干扰方案、战术战法也不同；此外，自卫干扰、随队干扰、远距离支援干扰的设计重点也各不相同。不同的电子干扰设备，构成陆、海、空军的电子干扰装备系统。对指挥员而言，重要的不是深研设计技术，而是要了解电子干扰技术概貌，决策干扰手段，选用干扰装备，组织电子战斗。

2. 电子反干扰

电子反干扰是识别、阻止敌方干扰以保护己方电子系统处于正常状态的技术。其目的是削弱或消除敌方电子干扰对己方电子设备使用效能的影响。

电子系统中，天线、发射、接收、显示、波形设计均可采用反干扰技术，而且从系统体制、组网运行上反干扰效果较佳。电子反干扰按电子设备种类可分为雷达反干扰、通信反干扰、引信反干扰、导航设备反干扰、光电设备反干扰等。按作战使用可分为技术反干扰和战术反干扰两大类。技术反干扰主要是提高电子设备本身在干扰条件下的工作能力，在电子设备的发射机、天线、接收机、信号处理系统中采取反干扰措施。技术反干扰针对性强，通常一种反干扰措施只能有效对抗一种干扰。战术反干扰主要是调整电子设备的配置、组网工作和综合运用等，将不同体制、各种频段的雷达配置组网。其手段方法有：发挥整体抗干扰能力；综合运用多种探测和通信手段，有源、无源探测相结合；红外寻的、激光制导和雷达制导相结合；有线通信、运动通信和无线电通信相结合；设置隐蔽台、站（网），适时启用；利用干扰信号对干扰源进行跟踪寻的、定位，必要和可能时实施摧毁。

(三)摧毁与反摧毁

专用电子对抗设备和作战手段在战场上的广泛应用，不仅使雷达、通信和光电设备难以发挥效能，并且对作战飞机、舰船、装甲车辆和精确制导武器等构成严重威胁。电子对抗手段不断升级，已由消极防御发展到“软”杀伤，进而发展到“软、硬”结合，对敌方电子设备直接摧毁。

1. 摧毁

摧毁是指在查明敌方电子对抗装备及其工作情况的基础上，用直接毁伤的方法使其瘫痪并在短期内难以恢复正常工作的一种电子对抗手段，主要有火力摧毁、派遣人员摧毁和反辐射摧毁等。

电子摧毁是对敌方的电子设备实体摧毁。反辐射导弹、反辐射无人机等，就是这种“硬摧毁”的反辐射武器系统。反辐射导弹和对辐射源实施摧毁性攻击有两种方式。一种是接收到目标信号后发射。由于导弹具有“记忆”(锁定)装置，发射后，即使被攻击的雷达关机，它也可“记住”其位置，不偏离航线击中目标。另一种是“先升空后锁定”方式，即先盲目发射，让其无定向在空中飞行、盘旋，一旦接收到目标信号，便咬紧目标，将目标摧毁。反辐射导弹的自导引系统是采用无源被动跟踪方式，本身不辐射电磁信号，具有稳定性好、不易受干扰和突防能力强等特点，具有较高的制导精度，是当今战场上威慑力较强的一种有效电子战武器。

2. 反摧毁

反摧毁是雷达利用战术或技术保护自己及友邻雷达免遭反辐射导弹攻击的技术。反摧毁技术目前常用的有以下几种：采用诱饵引偏技术，部署假雷达阵地；采用雷达发射控制、关机、间歇交替工作；采用反辐射导弹告警系统；采用新体制雷达，如低截获概率雷达、双/多基地雷达、高频雷达、毫米波雷达等；雷达与无源传感器联合组网实施综合对抗技术。

(四)网络进攻与防御

1. 网络进攻

网络进攻包括软攻击和硬摧毁。对计算机网络系统的软攻击，主要是指利用计算机病毒、“黑客”等手段对计算机系统进行攻击，造成系统瘫痪或获取有用的信息。对计算机网络系统的硬摧毁主要是指对计算机网络硬件电路的进攻技术，包括使用特殊设计的芯片、研制纳米机器人和芯片细菌、定向能摧毁、电磁脉冲弹摧毁等。

2. 网络防御

网络防御的主要方式，一是采用安全防护技术。军用信息系统通常采用无病毒的计算机硬件及软件产品，选用专门的病毒检测软件，对购进的计算机硬件和软件产品进行彻底检查，并清除可能携带的病毒。对计算机硬件设备都应装有适当的安全防护装置，建立可靠的工作环境，并具有一定的抗干扰能力和抗摧毁能力。计算机和计算机网络应加入屏蔽设施，限制电磁辐射量，确保计算机和网络物理安全。二是采用"防火墙"技术。为防止外部非授权者通过外部计算机网络向用户内部网络的非法入侵，在外部网络或计算机之间设置具有封锁、过滤、检测等功能的装置，即"防火墙"。它可以有效防止外部非授权用户进入内部网络，同时保证授权用户互通。三是实施信息安全机制。信息安全机制主要包括机制鉴别、保密、完整性、不可抵赖和访问控制等。

四、防敌电子攻击和电子干扰的基本措施

(一)雷达反侦察的基本措施

雷达反侦察的技术措施主要有：采用新的工作频段，例如采用短波、毫米波、激光；采用功率管理技术，控制雷达发射信号的功率、方向、发射时间等；采用低副瓣或超低副瓣天线；发射脉冲压缩信号、无载波信号等；采用双(多)基地雷达；利用雷达的信号参数和工作方式随机变化或自适应变化，例如频率捷变、脉冲重复捷变、天线波束捷变、极化捷变等；发射与敌方雷达所用的信号参数与工作方式相似的信号。

雷达反侦察的战术措施主要有：严格控制雷达的开机时间，在保证完成任务的前提下，雷达开机时间要尽可能短，平时尽量少开机，战时开机必须按规定权限批准；控制雷达发射功率和辐射方向，在保证完成任务的前提下尽量降低发射功率，以达到隐蔽目的；控制雷达信号参数和工作模式的使用，特别是雷达工作频率、脉冲调制样式等重要参数应按规定使用，对备用工作频率、工作模式要严加控制；设置假阵地，用简易辐射源

发射假信号，用伪装、佯动等欺骗方法迷惑敌人，造成敌方判断错误；在必要时，对敌方电子侦察设备实施干扰或摧毁。

(二)通信反侦察的基本措施

通信反侦察的技术措施主要有：采用跳频和扩频技术、自适应技术、触发传输技术、信息加密技术、数字通信等，也可采用新的通信手段，如光缆通信、激光通信、微波接力通信。

通信反侦察的战术措施：控制无线电发信的时间和功率。此举可以减少被敌方侦察到的机会。具体措施有：控制无线电发信，少发信，缩小电波的发射范围等。

无线电静默。就是在规定的时间和地区内，禁止无线电发信。通常在战斗准备、变更部署、部队机动、秘密接敌或待机、撤离战场时实施。

密化通信内容。主要是严格控制无线电明语通话，使用密语、密码通信等。

实施无线电通信伪装。主要有经常更换电台的呼号、频率、联络时间等规定；隐蔽指挥关系；进行无线电遥控；实行无线电静默等。

组织无线电佯动。在无线电通信组织、内容、特征等方面制造假象，欺骗敌人。如拍发假电报(话)、提供假情报，迷惑敌人；模拟和转发敌台信号，诱使敌人受骗；突然改变通信量；建立假的无线电通信网，设置假的联络对象。

(三)雷达反干扰的基本措施

雷达反干扰的技术措施主要有：采用空间选择技术；加大雷达发射机的功率，增大信号与干扰的比值；频率选择，例如采用频率捷变技术，采用频率分集雷达；极化选择技术和波形选择技术及抗欺骗式干扰技术等。

雷达反干扰的战术措施主要有：合理部署雷达网，采用多种观察器材，多种反干扰法结合使用等。

(四)通信反干扰的基本措施

通信反干扰的技术措施主要有：采用抗干扰能力强的通信方式，如数字保密通信、微波接力通信、激光通信等；提高收信端的信号强度，增大信号与干扰的比值，常用两个方法。一是增大发信功率。二是在通信双方之间开设中继站，采用扩频技术，包括跳频技术、直接序列扩频技术、跳时技术；采用自适应技术，如自适应天线技术、自适应信道选择、自适应功率选择；采用触发传输技术；采用数字通信和纠错编码技术；采用信号转发和分集技术；采用通信与干扰一体化技术。

通信反干扰技术措施主要有：加强通信人员的反干扰技能训练，在使用技术方法反干扰的同时，采用操作方法反干扰。如灵活使用通信装备，建立隐蔽通信网(专向)，建立勤务无线电网(专向)或复式无线电通信，压制或摧毁干扰源等。

(五)对反辐射武器的防护

对反辐射武器防护的技术措施主要有：采用低旁瓣天线控制雷达辐射功率，使反辐射武器难以截获雷达波束；采用频率捷变、频率分集、脉冲重复频率跳变等技术，使反辐射武器难以识别、跟踪雷达；发展双基站或多基站雷达，这种雷达将发射机设在严密设防的后方或预警机上，接收机设在战区前沿，采用电子欺骗、电子干扰、电子伪装等方法掩护雷达；多部雷达联网工作。

防护反辐射导弹武器的战术措施主要有：提高操作人员的技术水平，提高观测的熟练程度、判断能力和机智灵活处理情况的能力；在保证获得必要数据的条件下缩短开机时间；在雷达站的配置上，站间保持适当距离，便于机动转移阵地，发现敌机发射反辐射武器时，则用两个或多个同频雷达交替开机关机，使反辐射导弹导引头不能跟踪任一部雷达；利用地形地物合理配置雷达，构筑工事，提高抗毁能力；同时配备干扰设备和火力，可能时，给其施加干扰或火力摧毁。

(六)反光电侦察与干扰的措施

反光电侦察措施主要有：实施伪装，施放烟幕(气溶胶)；涂刷涂料；目标隐身；实施有源干扰或设置假目标及根据敌方照相侦察卫星、飞机的活动规律，采取相应的隐蔽措施。

反光电干扰措施主要有：采用多光谱技术、编码技术、背景辐射鉴别技术、自动图像识别技术、红外焦平面阵列技术、凝视阵列技术等；使用抗干扰能力强的设备；采用复合制导；采用防护镜防护激光或其他光源的干扰或伤害；采用反辐射武器攻击激光干扰源；加强抗干扰训练与协同。

第五节　军用航天技术

一、航天技术概述

航天技术是通过将无人或载人航天器送入太空，达到开发和利用太空的综合性工程技术的目的，亦称空间技术。通常可划分为航天运载器技术、航天器技术和航天测控技术三大组成部分。

(一)航天运载器技术

航天运载器技术是航天技术的基础。要想把各种航天器送到太空，必须利用运载器的推力克服地球引力和空气阻力。常用的运载器是运载火箭。运载火箭主要由动力系统、控制系统、箭体和无线电测量系统组成。为了使航天器获得飞出地球所必需的速度，靠单级运载火箭的推力往往难以达到。为此，诞生出多级运载火箭。多级运载火箭由几个能独立工作的火箭沿轴向串联、横向并联(即捆绑式)或串并联组成。

(二)航天器技术

航天器是在太空沿一定轨道运行并执行探索、开发和利用太空等任务的飞行器，亦称空间飞行器。航天器分无人航天器和载人航天器两大类。无人航天器按是否环绕地球运行，又分为人造地球卫星和空间探测器等。载人航天器按飞行和工作方式，分为载人飞船、空间站和航天飞机等。其中，载人飞船可分为卫星式载人飞船、登月式载人飞船和行星式载人飞船等；空间站可分为单一式空间站和组合式空间站。

(三)航天测控技术

航天测控技术是对飞行中的运载火箭及航天器进行跟踪测量、监视和控制的技术。为了保证火箭正常飞行和航天器在轨道上正常工作，除了火箭和航天器上载有测控设备外，还必须在地面建立测控(包括通信)系统。地面测控系统由分布全球各地的测控台、测控站及测量船组成。航天测控系统主要包括光学跟踪测量系统、无线电跟踪测量系统、遥测系统、实时数据处理系统、遥控系统、通信系统等。

二、航天技术的军事应用

半个多世纪里，航天技术飞速发展，迄今人类已将5000多个各种类型的航天器送上太空。它们不仅为经济建设、科学文化和社会生活等领域的现代化提供有力工具，带来传统技术无法达到的经济和社会效益，而且成为军事高技术不可或缺的重要组成部分。把航天技术应用于军事领域，以军事应用为目的进入太空，开发、利用太空的综合性工程技术，称为军事航天技术。它主要是研制、使用各种军用航天系统来完成特定的军事航天任务。据不完全统计，迄今各国发射的航天器，70%以上是军用或军民两用。目前已有的和在研的军事航天系统大致可分为以下四类。

(一)军事航天运输系统

军事航天运输系统是能把军用航天器、宇航员或物资等有效载荷从地面运送到太空预定轨道或能将有效载荷带回地面的运输系统。目前可利用的军事航天运输系统主要是一次性运载火箭，还有可重复使用的航天飞机。自1957年以来，苏联/俄罗斯、美国、法国、日本、中国、英国、印度等国以及欧洲空间局先后研制出80多种运载火箭，修建18个航天发射场，进行5000多次轨道发射，美国、苏联/俄罗斯两国发射次数占世界发射总数的95%。迄今世界各国研制成功的运载火箭主要有：苏联/俄罗斯的“东方号”“上升号”“联盟号”“质子号”“天顶号”“能源号”，美国的“雷神”系列、“宇宙神”系列、“大力神”系列、“土星”系列，欧洲空间局的“阿里安”系列，日本的H系列，我国的“长征”系列等。其中推力最大的是美国的“土星”系列和苏联/俄罗斯的“能源号”，它们可以将100多吨的载荷送入近地轨道，把十几吨的载荷送入地球静止轨道、月球或火星、金星等轨道。

(二)军事卫星系统

军事卫星是专门用于各种军事目的的人造地球卫星的统称。它按用途可分为军事侦察卫星、军事通信卫星、军事导航卫星、军事测地卫星、军事气象卫星等。

1. 军事侦察卫星

军事侦察卫星是装有光电遥感器、雷达或无线电接收机等侦察设备，用以获取军事信息的人造地球卫星。根据任务和侦察设备的不同，侦察卫星通常分为照相侦察卫星、电子侦察卫星、导弹预警卫星、海洋监视卫星等。

2. 军事通信卫星

军事通信卫星是用作无线电通信中继站的人造地球卫星。它接收到地面发出的无线电波后进行放大，再转发回地面。卫星通信具有覆盖范围大、通信距离远、传输容量大、通信质量高、机动性和生存能力强等优点，因此在军事通信中具有举足轻重的作用。

军事通信卫星通常分为战略通信卫星和战术通信卫星两大类，用来担负保密的、大容量的、高速率的战略和战术通信勤务。战略通信卫星通常在地球同步轨道上运行，为远程直至全球范围的战略通信服务。战术通信卫星一般在12小时周期的椭圆轨道上运行，主要用于近程战术通信。在地球同步轨道上，等距离部署3颗通信卫星，就可实现除地球两极外的全球通信。目前，美国使用的军事通信卫星系列有“国防通信卫星”“舰队通信卫星”“空军通信卫星”等，其军事长途通信80%以上的信息是由卫星传送的。俄罗斯和北约其他国家也拥有通信卫星系列。

3. 军事导航卫星

导航卫星是从太空发射无线电导航信号，能为地面、海洋、空中和太空用户导航定位的人造地球卫星。卫星导航或定位，是由多颗导航卫星组成的卫星网来进行的，具有高精度、全天候、能覆盖全球和用户设备简便等优点。美国GPS是第二代导航卫星系统，由24颗卫星(包括3颗备用卫星)组成，采用双频时间测距导航体制，能向全球任何地点和近地空间的用户提供24小时不间断的三维导航定位服务。它可为地面车辆和人员、飞机、舰船、卫星、航天飞机等导航和定位；可作为导弹制导系统的补充以提高导弹的精度；还可用于照相制图和大地测量、航空交通控制和指挥、攻击武器定位和发射、搜索和营救工作等。

目前，世界上只有少数几个国家能够自主研制生产卫星导航系统。美国使用的导航卫星全球定位系统定位精度可达 10 米，测速精度小于 0.1 秒，计时精度可达 100 纳秒。2012 年俄罗斯“格洛纳斯”全球卫星导航系统在轨正常工作卫星总数达 24 颗，向俄全境提供导航定位服务。2002 年 3 月 26 日欧盟决定正式启动“伽利略”卫星导航定位系统计划。“伽利略”系统由分布在三个轨道上的 30 颗中等高度轨道卫星构成，每个轨道面上有 10 颗卫星，9 颗正常工作，1 颗运行备用，不仅卫星数量比 GPS 多，而且可以分发实时的米级定位精度信息，误差范围要远远小于 GPS，其性能更安全、更准确、更可靠。

经历多年发展，2018 年，我国北斗卫星导航系统实现 1 年 10 箭 18 星的壮举，这一速度远超 GPS 系统一年 6 星的记录。在我国长期航天技术积累和导航系统技术发展的后发优势下，我国采取一套与其他任一导航系统都截然不同的思路。北斗有多个“三”的创新：三种轨道（地球静止轨道、地球倾斜同步轨道、中高轨道）、三个频率、前后三代系统和卫星。此外，它还拥有星间链路通信、短报文系统、卫星应急救援等多个功能。由于它是一种无源定位系统，理论上不存在用户数量的上限。2018 年 12 月 27 日，“北斗三号”开始提供全球服务，包括“一带一路”国家和地区在内的世界各地，均可享受到北斗系统的服务。“北斗三号”卫星导航系统空间段由 27 颗中轨道地球卫星、5 颗同步轨道卫星、3 颗倾斜同步轨道卫星组成，提供两种服务方式，即开放服务和授权服务。随着 2019 年北斗卫星导航系统进入最后建设阶段，“天上的星星参北斗”将成为真切的现实。

4. 军事测地卫星

测地卫星是用于大地测量的人造地球卫星，可测定地球形体、地球引力场分布、地面的城市、村庄和军事目标的地理位置等参数。卫星测地具有重要的军事价值。目前，各国正在利用测地卫星进行全球大地测量，以获取重要的具有战略意义的资料。测地卫星还可配备其他专用设备进行地球资源勘察，成为地球资源卫星，用于了解和掌握各国战略资源的储备情况等。

5. 军事气象卫星

气象卫星是能够从太空对地球及其大气层进行气象观测的人造地球卫星。卫星上装有可见光和红外电视摄像机、温度和湿度探测器、扫描辐射仪及自动图像传输设备，通常采用地球静止轨道和太阳同步轨道。气象卫星有军民兼用的，也有专门军用的，其观测地域宽广，观测时间长，观测数据汇集迅速，能提高气象预报的质量。美国是世界上第一个将气象卫星用于战场气象保障的国家，也是第一个研制并发射军用气象卫星的国家。20 世纪 50 年代末，美国开始研制第一代军民合用气象卫星“泰罗斯”号，并在 60 年代将其用于侵越战争的气象保障。我国也先后成功发射“风云一号”“风云二号”气象卫星，正在为我国的气象预报发挥着重大作用。

(三)军事载人航天系统

载人航天器主要包括载人飞船、空间站、航天飞机和正在研制中的单级火箭式的空天飞机等，它们既可民用，也可执行军事任务。

1. 载人飞船

载人飞船是能保障宇航员在太空执行航天任务、宇航员座舱能返回地面垂直着陆的航天器。典型的载人飞船由轨道舱、仪器设备舱、返回舱、对接装置和太阳能帆板等组成。可独立进行航天活动，也可作为往返于地面和空间站之间的“渡船”，还能与空间站或其他航天器在轨道上对接后进行联合飞行。其可能担负的军事任务有：作为地面与空间站的军事运输工具，可向空间站运送军事补给物资和接送人员，进行空间救护等；试验新的军用航天设备；用于特定目标的侦察等。1961 年 4 月 12 日，苏联宇航员乘坐“东方号”载人飞船进入太空，第一次将人类遨游太空的梦想变为现实。1969 年 7 月 20 日，美国宇航员乘坐“阿波罗 11 号”飞船首次登月成功，开辟了人类登月活动的新篇章。

2. 空间站

空间站亦称航天站、太空站或轨道站，是指在太空具备一定工作条件、可供多名宇航员工作和生活的长期运行的航天器。空间站被认为是发展航天技术、开发和利用宇宙空间的基础设施。与载人飞船相比，它具有容积大、载人多、寿命长和可综合利用的特点。由于它可载许多复杂的仪器设备，并可由人来操作，因而可完成多种复杂的任务。从理论上分析，空间站有广阔的军事应用前景。例如，空间站可作为俯瞰全球的理想侦察基地，直接参与监视、跟踪、捕获和拦截敌方航天器和弹道导弹的作战行动；可作为军用航天飞机或空天飞机的基地，攻击敌方各种卫星或作战平台，并随时对全球任何地方构成威胁；可部署、组装、维修和回收各种军用航天器，并可试验、部署和使用空间武器；还可在军用卫星、空中和地面监视系统的配合下，成为空间预警、指挥、控制、通信和情报中心等。因此，建立空间站对未来信息化战争具有战略意义。

1971 年，苏联“礼炮号”空间站发射成功后，先后发射了 7 个“礼炮号”和 1 个“和平号”空间站。其中“和平号”空间站有 6 个对接口，可与 6 艘飞船对接成 7 个舱体的大型轨道复合体，总重量达 106 吨，工作舱总容积达 510 立方米，可容纳 5～6 人同时工作。“和平号”空间站于 2001 年 3 月 23 日坠毁。

美国于 1975 年开始实施“天空实验室”计划，接待 3 批宇航员后停止使用，于 1979 年 7 月 12 日陨落在印度洋。

2022 年，我国已经建成全新的太空站——“天宫二号”。空间站将由 3 个 20 吨左右的结构组成，一个核心舱，两个实验舱，形成“T”字形结构。

3. 航天飞机

航天飞机亦称轨道器，是带有机翼，靠运载火箭发射进入太空轨道，返回地面时能在机场跑道水平着陆，并可重复使用的兼有载人、运货功能的航天器。例如，航天飞机可用于部署、维修、回收各种卫星；可实施空间机动以拦截摧毁或俘获敌方卫星；可对陆、海、空、天等军事目标进行侦察、监视、跟踪和预警；可作为从地面到空间站的军事交通工具，接送人员和物资，为建立永久性军事空间基地服务等。美国从 1972 年开始研制可重复使用的航天飞机，研制出“企业号”(试验型)、“挑战者号”(失事炸毁)、“亚特兰蒂斯号”、“发现号”、“哥伦比亚号”和“奋进号”。1981 年 4 月 12 日，“哥伦比亚号”航天飞机成功地进行了首次轨道飞行。1988 年 11 月 15 日，苏联也研制成功“暴风雪号”航天飞机。

(四)空间武器系统

空间武器亦称太空武器，是部署在太空或陆地、海洋与空中，用以打击、破坏与干扰太空目标的武器，以及从太空攻击陆地、海洋与空中目标的武器的统称。空间武器是航天技术军事应用的必然结果。目前在研究的空间武器主要有反卫星武器和反弹道导弹武器。反卫星武器是用以攻击、破坏、干扰敌方卫星等航天器的武器。反弹道导弹武器是用来拦截、摧毁敌方来袭弹道导弹的武器。它们可用于陆基、海基、空基和天基部署，主要用核能或动能、定向能等杀伤手段毁伤目标。

三、军用航天技术发展趋势

军用航天装备是现代高技术武器装备的重要组成部分，在现代战争中已屡立奇功。纵观航天技术半个多世纪的发展史，航天技术正是在政治斗争和军事需求的牵引下飞速发展的。军事航天技术的发展极大地扩展了现代战场的对抗领域。随着各种航天器的大量部署和应用，使得太空成为现代战场中新的重要组成部分。伴随航天在军事上的应用日益广泛和航天作战理论的逐步完善，军用航天系统发展相应出现如下主要趋势。

(一)重点发展直接支援军队作战的各种军用航天信息系统

发达国家尤其是像美国这样的航天大国，其军事作战行动和武器装备越来越依赖于军用航天信息系统。当前，美军正加紧发展各种新型军用航天信息系统，如"全球广播服务"系统、"天基红外系统"预警卫星和"未来成像结构体系"侦察卫星及"先进极高频军用通信卫星"等，重点是提高航天系统直接支援军队作战的能力。

新一代通信、侦察、导航卫星均以大卫星为主。在1997年前后，美国主要的卫星制造商先后推出新一代通信卫星平台，它们的质量均在2吨以上。目前，美国在研的KH-13照相侦察卫星的质量约为20吨，远高于KH-12。由此可见，大型卫星依然是美国军用航天系统的主体。与此同时，微小卫星研究不断取得进展。1999年9月18日，"深空一号"小卫星完成全部预定任务，标志以微小卫星为主体的"新盛世"计划取得阶段性成功。2000年2月6日，美国从范登堡空军基地发射"绕轨皮卫星自动发射器"，该星是1颗母卫星，它释放出2颗“皮卫星”，每颗“皮卫星”质量不到230克，外形为10.2厘米×7.6厘米×2.5厘米，彼此间通过30米长的细绳连接。这对“皮卫星”由国防高级研究计划局通过“低功率无线一体化微遥感器计划”进行资助，美国宇航公司承制，主要用于验证微机电系统技术在航天中的应用。从2月26日起，2颗“皮卫星”间成功进行星间通信，卫星与地面间也完成通信试验。这次成功显示美国微小卫星研制水平又有新突破。伴随微小卫星技术的进展，美国先后在“天基红外预警”“发现者-2”等计划中引入大量微小卫星，但是具体部署方案尚在研究中。

(二)卫星组网成为一种重要的发展趋势

随着战场信息化程度加深，各国对综合信息的需求越来越强烈。1996年，美国空军大学完成《美国空军2025计划》，提出在空间组建互联网式的基干通信系统，用于传递各种信息。1998年4月，美国航天参谋部在其公布的规划中提出：建立作战管理站，使由空间获取的信息与来自陆、海、空的信息集成，为战场服务，重点发展交叉提示技术、信息融合技术、星间通信技术等关键技术。在同年提出的“发现者-2”计划中，美国已经将可见光侦察卫星与雷达成像侦察卫星联结成一个系统，以增强对目标的感知能力。

当今使用的各种军用航天系统基本上都是相互独立的，不同系统之间互通互联性差，信息不能及时共享和综合利用。未来的军用航天系统将朝网络化方向发展，部署在不同轨道、执行不同任务的航天器及其相应的地面系统都将互能互联，并与各种陆、海、空作战平台互通互联，构成天地一体化的综合信息网。美国正在建立天地一体化的C^4ISR系统，俄罗斯、欧洲等航天局也在向这个方向努力。

(三)新型高性能载荷技术继续得到重视

研制高性能的有效载荷一直是美国提高其军用航天系统水平的重要策略。近年来，美国先后推出一批高军事价值的有效载荷技术及概念。如空军实验室空间飞行器分部正在实施的“超轻型成像技术试验”计划，目标是研制一种可折叠并弹开的大型天基望远镜系统。该系统具备6个直径8米的镜头，每个镜头由直径2米的镜片拼接而成，入轨前这些镜片拆卸叠放，入轨后自动组装，这种组装的误差控制在0.0025毫米内，不影响成像分辨率。“超轻型成像技术试验”卫星的功能相当于75颗装有直径1米的镜头卫星完成的任务。运用“超轻型成像技术试验”技术，可以较低的成本建造大型光学成像系统，研制出超过当前镜头技术的光学成像系统。再如美国能源部圣地亚国家实验室和肯塔基大学合作，正在研制可展开的超轻型大孔径薄膜镜片技术。该镜片由具有“智能”特性的压电材料制成，能在计算机控制的电子枪电击之下改变形状。发射前折叠，在轨道上展开，然后用电子枪使外形变成所需形状，误差不超过6～10英寸(15～25厘米)，质量不超过1千克/平方米。

(四)卫星安全与防护技术重新受到关注

早在冷战时期，美国就已经开展卫星安全与防护的技术研究。当时，考虑到可能出现的核对抗，卫星的安全防护主要解决卫星在核辐射下的生存能力。通过采用各种加固措施，确实增强了卫星防护能力，但同时也大大增加了卫星重量与成本，限制了卫星性能的发挥与提高。因而，冷战结束后，这些措施受到广泛批评，曾一度受到冷落。

近年来，由于激光武器、高能微波武器、动能武器等在全球的发展与扩散，以及各国的军事能力越来越依赖军用航天系统，各国军方又开始重视卫星的防护，并将重心转为研制一些确能提高卫星防激光、防电磁干扰及防动能毁伤能力，同时又不会大幅度降低卫星工作性能的技术与设备。如美国MCNC公司最近研制出的“眼睑”，每秒开关4000次，可用于防止在轨军用卫星的光学传感器被激光致盲。该种“眼睑”由一片薄玻璃制成，上面覆盖两个由氧化铟和锡制造的透明电极，电极间由一个像铰链似的不透明电极连接。通过在两个电极之间加载反向电压，在静电引力作用下，不透明电极下拉，使“眼睑”关闭，改变电压方向，“眼睑”打开。据报道，该设备性能经过进一步提高后就可用于卫星。

(五)太空争夺使太空战争不可避免

随着天基激光武器、微波武器、动能武器等空间武器装备的发展和应用，军用航天装备将具备从空间使用武力的能力，可直接攻击敌方部署在陆地、海上、空中和空间的信息基础设施，从而破坏、摧毁敌方搜集、处理、分发信息的链路，破坏敌方的指挥控制系统，以夺取信息优势。同时，己方航天装备可通过各种主动与被动防御措施加以保护，提高在战争中的生存能力，从而保持己方的信息优势。由此引发航天装备攻击与防御问题，进而导致太空战争。

航天攻击与防御是指利用地基(包括陆基和舰载)、机载与天基核武器、定向能(激光、微波、粒子束)武器、动能武器等空间武器攻击、摧毁对方的陆、海、空、天目标，或由载人航天器的机械臂、空间机器人或宇航员直接破坏、“俘虏”敌方的军用航天器等。

美国认为，空间正成为综合国力的增长源，就像19世纪和20世纪工业的生存与发展依赖于电力和石油一样，到21世纪，美国将更加依赖航天能力，而且随着航天技术及其商业化的发展，美国潜在敌对国将会得到越来越多的空间信息资源，美国的航天系统正变得越来越容易被利用和破坏。因此，在1996年9月公布的冷战结束后美国第一个国家航天政策中，明确提出要对关键的航天技术设施和运行中的航天器提供保护，发展外层空间的控制能力，确保美国在外层空间的活动自由，并有能力剥夺敌人的这种自由。1998年4月，美国航天参谋部发布一项发展军事航天的长远规划报告。该报告提出21世纪军事航天应用的4种作战概念，即控制空间、全球交战、全面力量集成、全球合作。其中控制空间以夺取空间优势被列为首要任务，并首次明确提出要从空间使用武力攻击敌方陆、海、空、天设施。

可见，美军已把空间的攻击与防御提上议事日程，传统的陆、海、空战场将向太空延伸。美军经过一系列研究后认为，到2025年，大部分战争可能不是攻占领土，甚至于不发生在地球表面，而更可能发生在外层空间或信息空间；空军活动的介质将从以空中为主、空间为辅转变为以空间为主、空中为辅，从而使空间从支援陆、海、空作战的辅助战场变成由陆、海、空支援的主战场。可以预测，随着各种反卫星武器、天基激光武器、军用空天飞机等空间武器的研制和部署，真正的太空战争将不可避免。

四、军事航天对抗与防护

技术与战术上的激烈对抗是军事技术发展的基本特点和规律之一。随着航天技术军事应用的日益扩大，与之相对抗的技术战术措施也在不断发展。面对军事航天技术对太空所造成的军事威胁，必须探求强有力的对抗措施。

(一)被动对抗措施

被动对抗是指利用伪装、隐形技术手段或一些战术措施所进行的对抗。一般而言，各种侦察卫星上使用的侦察探测装置无非是可见光相机、红外相机或红外热成像仪、无线电侦察接收机、合成孔径雷达等。对付各种相机或红外成像仪的侦察，可对地面的许多重要军事目标，如指挥中心、军火库、导弹发射井、导弹发射器、桥梁、飞机、坦克、火炮等，采用设置伪装遮障、假目标等技术伪装措施，改变或降低目标的可探测特征，往往能起到意想不到的效果。海湾战争和科索沃战争中，伪装和欺骗使得美国侦察卫星所发现的地面目标大部分都是假目标。

对于电子侦察卫星，根据其轨道参数(倾角、高度、周期)合理选择地面雷达和各种电子设备的开机时间，也不失为一种战术对抗措施。如一般电子侦察卫星的运行周期为90～105分钟，即每隔90～105分钟经过一个地点上空一次，每次的侦察时间约为10分钟。如果地面雷达和其他电子设备在这10分钟之内不开机，电子侦察卫星就难以发现它们。即使有几颗电子侦察卫星轮流经过同一地点上空，其经过的时间之间总有间隔存在，在这个间隔中，雷达和其他电子设备仍可获取较充分而又安全的开机时间。

对于导弹预警卫星，采用速燃助推器是与之对抗的一种可能措施。美国在20世纪80年代实施“星球大战”计划时，曾提出并研究过如何用速燃助推器缩短洲际导弹助推火箭的点火时间来对付天基反导拦截器的探测、监视与跟踪问题。如果能将助推火箭的点火时间缩短为1分钟左右，则使用红外探测器的天基监视与跟踪系统就难以发现并跟踪洲际导弹。实际上，高能量高密度的新型燃料的使用完全可以缩短洲际导弹的助推时间。因此，洲际导弹采用速燃助推器技术对付导弹预警卫星是完全可以实现的。

对于通信卫星和实时传输侦察情报的侦察卫星，还可通过截获及破译电子信号的方法掌握敌方所获得的情报，或预先了解敌方的动向，从而有针对性地及早采取相应对策。

(二)主动对抗措施

对付军事航天器所造成威胁的最可靠最有效的手段，是采用主动对抗措施，直接摧毁对方的军用航天器或使之失效。已经研究和试验的此类主动对抗措施主要有：用反卫星卫星摧毁军用卫星或破坏其照相装置与通信设备；用装备有武器系统(如速射炮、动能武器、激光武器等)的作战卫星(或天基武器平台)以武器摧毁军用卫星或其他军用航天器；用直接上升式地基机载反卫星武器摧毁军用卫星。这种方法是20世纪60～80年代已进行过大量试验的可实际应用的方法，苏联在莫斯科周围部署的“橡皮套鞋”反导防御系统就具有一定的拦截卫星能力。当然，航天飞机和空天飞机或空间站完全可用于对付(捕获、破坏)各种军用卫星或其他军用航天器，而定向能武器和高能激光武器无疑是未来摧毁或杀伤各种军用航天器最理想的武器系统。

第六节　军用无人作战系统

无人作战系统是综合运用多种军事技术而研制的可以替代人去完成某种特定任务的新型作战系统，是系列先进军事“技术群”综合集成创新发展的产物。进入21世纪以来，世界无人作战系统技术高速发展。无人系统的应用环境正由低烈度冲突和低威胁环境，扩大到高强度交战和中高威胁环境，正在对战争形态的发展产生重大影响，已成为国家间军事博弈的重要力量。美国在伊拉克、阿富汗战场部署使用大量无人作战系统，产生显著作战效益，其作战实践向世人昭示无人系统的巨大军事价值。

一、军用无人作战系统构成

美国国家科学委员会曾预言："21 世纪的核心武器是无人作战系统。"目前这一预言正逐渐成为现实。随着"智能时代"大幕的拉开，无人化战争已经迎面走来，战场机器人、无人作战飞机、无人潜航器等以无人技术为主导的新型武器平台逐渐走向战争舞台中央，引导着未来作战发展的方向，并与其他新型技术装备一道改变着信息化战争的形态。根据作战使用区域不同，无人作战系统可以区分为无人地面平台、无人机系统、无人海上系统等。

(一)无人地面平台

无人地面平台，是陆上作战的重要力量，能代替人在高危环境下完成任务，对保存有生力量、提高作战效能具有重要意义。无人地面平台是一个广义概念，包括地面机器人、无人车辆、无人化炮塔等多种地面无人系统。

20 世纪 90 年代以来，无人地面系统取得了长足发展，能够执行侦察监视、后勤支援、布雷扫雷、排爆救援、对地攻击等多种任务。美军地面无人作战系统发展迅速，并结合局部战争实践不断演化改进，目前拥有多类型地面无人系统，其重要研究成果包括班组任务支援车、"粉碎机"高机动无人战车、"阿特拉斯"双足机器人等。

除美国外，德国、以色列、英国、法国、意大利等国家也都十分重视地面无人作战系统的研究，德国研制的数字化"鼬鼠"装甲车、以色列研制的"守护者"无人车、英国的自主式运动侦察演示车和爆炸物探测机器人等，在世界上均处于领先水平。目前无人地面平台正由单平台作战运用向多平台协同运用发展，形态各异的多种无人地面平台群，在不久的将来会在战场上一展身手。

(二)无人机系统

无人机系统的发展大致经历靶机、无人侦察机、一次性攻击无人机、察打一体无人机和无人作战飞机等阶段。目前，无人机可完成情报侦察、中继通信、电子对抗、防空、制空、精确打击等多种任务，已成为影响作战进程的重要力量。美国无人机系统处于世界领先水平，其种类繁多，有战略、战役、战术各层次的无人侦察机，也有中继通信、电子对抗、攻击、作战等各层面的无人机。美军在其反恐作战中，约 80％的侦察监视任务由无人机完成。目前美军已经装备的无人机近 80 种、7000 余架，包括“全球鹰”“暗星”“黑色雨燕”等长航时无人机，“影子”“指针”“先驱者”“金眼”“龙眼”等近程无人机，“微星”“黑寡妇”“微船”“美钞”等微型无人机，“捕食者”“死神”等无人作战飞机。

美国最新研制的 X-47B 隐身无人攻击机于 2013 年 5 月 14 日首次从航母弹射起飞，可进行自主空中加油，具有全向、宽带隐身能力，续航时间可达 50 小时。以色列的“赫尔墨斯”战役战术无人机在 2008 年俄格冲突中大显身手，“哈比”反辐射无人攻击机能够自主跟踪并摧毁地面雷达。

此外，欧洲六国联合研发的“神经元”无人作战飞机、俄罗斯的“鳐鱼”无人作战飞机、英国的“雷电之眼”无人机、意大利的“天空”计划等，都是目前无人机家族中的佼佼者。

(三)无人海上系统

“9・11”事件后，美国开始更多关注水面无人艇。目前美国海军已部署或在研多类型无人海上系统，如遥控猎雷系统、无人感应扫雷系统、无人水面猎雷艇、“水虎鱼”无人摩托艇等，支持海军在情报侦察、电子战、反水雷、反潜、水面战等多领域执行任务。

无人海上系统目前正处于快速发展时期，主要包括无人水面艇、无人潜航器等。美国海军在《情报、监视与侦察路线图》中指出，到 2020 年左右，美军将建成一支新型的水下无人作战部队。目前美军已经部署用于侦察隐蔽水雷的第一代无人潜航器，并正在研制新一代无人潜航器，该潜航器可以作为诱饵协助母舰艇猎杀敌方潜艇，并拥有智能化攻击能力。

以色列是无人艇发展的先驱，“保护者”“海星”“银色马林鱼”等无人水面艇表现不俗。此外，法国“巡查员”无人水面艇，英国远程综合扫雷系统、“海狐”灭雷系统、“翠鸟”反水雷无人水面系统等，也是无人海上系统的典型代表。

(四)无人与有人交互融合

除地面、空中和海上以外，太空领域的无人作战系统也十分引人关注。美军X-37B无人空天飞机于2014年10月17日在绕地轨道上飞行长达22个月后顺利返航，并在加利福尼亚州范登堡空军基地成功着陆。美国军方对此次行动三缄其口，使这个隐秘的“太空杀手”愈发神秘莫测。

无人作战系统的特点是“平台无人，系统有人”，其本质是有人作战系统的智能延伸，通过人和智能化“无人”武器装备的高度融合，最大限度地提升作战效能，满足人类对武器不断发展变化的作战需求。未来战场将形成无人与有人作战系统交互融合的新型作战体系，从而有效提升联合作战体系能力。

“无人战”将如同电子战一样，成为独立的作战样式，改变进攻作战模式。将来“无人战”很可能作为火力打击之前相对独立的一个作战阶段存在，并在首战中发挥关键作用。如美军提出的“蜂群攻击”，是在其“蜂群”概念基础上发展的一种新型作战行动，其主要方法是运用大量低成本无人机对作战目标实施饱和式攻击，力求以较小代价换取最大化作战效果。

无人作战系统与网络中心战具有天然的“血缘关系”，尤其是无人作战系统具有任意部署、多任务载荷、可应对复杂恶劣环境等特点，形成理想的分布结构，为实现新型作战理念创造必要条件。例如，美军正在积极验证的分布式作战概念，就依托多种无人作战系统的支撑，以更加宽泛的网络化手段提升作战效能，为作战行动的顺利实施奠定基础。

二、应运而生的反无人作战技术

随着无人作战技术的迅猛发展，与之对应的反无人作战技术也应运而生，给无人作战系统的实战应用带来威胁。就技术手段而言，目前主要有以下几种。

夺取无线电控制。为确保低空领域安全，美国政府采用无线电接收器来追踪并确定无人机，尔后使用大功率的无线电信号照射无人机，夺取其无线电控制。一旦无人机不能接收信号，就会坠毁。

声波干扰。韩国研究人员对无人机中的关键组件陀螺仪进行共振测试，发现可利用声波使陀螺仪发生共振，输出错误信息，从而导致无人机坠落。试验表明，利用外部声波使无人机的陀螺仪发生共振，从而扰乱无人机的平稳飞行，在技术上是可行的。当发出与陀螺仪匹配的噪声时，一架本来正常飞行的无人机就会忽然从空中坠落。

GPS 信号干扰。目前，大多数无人机的飞行控制均采用 GPS 卫星导航系统与惯性导航系统相结合的方式。如果干扰无人机的 GPS 信号接收机，就会导致无人机只能依靠基于陀螺仪的惯性导航系统，无法获得足够精确的自身坐标数据。如果没有精确的位置信息，借助于照相机和摄像机获得的情报就没有任何价值，此时的无人机顶多是一台会飞的相机。

黑客技术。黑客们通过无人机内置的 Wi-Fi 网络和开放的远程端口，向无人机的实时操作系统发起攻击。通过 Wi-Fi 网络，攻击者可以断开无人机操纵者的控制连接并使之与自己配对，然后获得对无人机的控制权限，实现对目标无人机的控制。

无人机专用子弹。美国研究人员专门针对那些受到无人机侵犯的人群，开发出一种特殊的无人机专用子弹。当发现遭受无人机侵犯时，可以使用装有专用子弹的特殊枪支轻松击落无人机，从而抵御无人机的隐私侵犯或恐怖袭击。

激光炮。波音公司研发出一款激光炮，专门用来轰杀无人机。通过精密激光精确瞄准无人机后，在机身上烧出一个洞，使其坠落。试验表明，当激光炮的发射器和瞄准器配合时，可以精确瞄准无人机的任何部位。因此，可以在只烧毁无人机机翼或者机尾的情况下，确保其主体设备完整，从而达到窃取机密、追查敌人的目的。

多管齐下。目前，国外研究人员联手开发反无人机系统，该系统集成电子扫描防空雷达、光电指示器、可见光/红外相机和目标跟踪软件干扰系统，能够对 8 千米范围内的无人机进行探测、跟踪、识别、干扰和制止。一旦确认无人机存在安全威胁，该系统将发出干扰信号，使其任务失败，或导致直接坠机。

三、军用无人作战技术发展趋势及对作战的影响

受追求“零死亡”军事需求的牵引，技术飞速发展的推动，以及装备发展注重经济可承受性的要求，世界各国开始重新审视和调整军事战略与武器装备发展战略，由过去的追求优势兵力转变为追求优势军事技术能力，裁减兵员，节省有限的经费，注重发展既经济又实用的武器装备，以期用武器装备和军事技术能力的战场优势来取代作战人员上的数量优势。而利用军用智能技术研制的无人化武器与作战平台的发展恰恰适应这种军事需求的转变，相关技术的发展又为发展无人化武器及平台提供必要的物质技术基础，像无人机、无人潜水器和军用机器人这样的无人化武器及作战平台将越来越受到重视，无人化武器装备的种类将得到新发展，由“机器人战士”组成的集机械化、信息化、电子化、机动化和隐身化为一体的无人化部队将成为未来战争的一支重要力量，未来战争将可能出现无人化战场。

（一）军用无人化智能技术的发展趋势

未来战场将是无人化战场，无人机、无人潜水器、无人装甲及智能机器人等武器装备将代替有人操纵的武器装备登上战场。重视发展智能无人化武器装备及相应技术，已成为信息化武器装备发展的一个显著特点。用不了多长时间，高技术无人化武器将可能主宰局部战场，将使战争样式发生深刻变化。

1. 更加适应军事需求的新型无人化装备将不断出现

众所周知，现代和未来战争都十分强调制信息权，谁能获取支配信息，并夺取信息优势，谁就能掌握战争的主动权。这就要求具备获取战场信息的能力，使得判断决策更准确，更符合战场实际，判断决策过程的时间更短，作战反应更迅速。海湾战争证明，仅靠天基监视系统和有人驾驶侦察平台以及性能不高的现有无人侦察机，还不能满足作战人员对连续不间断的、急需的以及对现场态势感知的信息需求。而高性能无人机特有的优势可有效弥补和满足这一需求，如高性能无人机具备很强的战场凝视能力，美国在研的“全球鹰”高空长航时无人侦察机，可以在目标地区上空连

续24小时侦察监视，这是有人驾驶飞机所不及的。与此同时，未来战争中将投入杀伤威力很大的各类精确打击武器，核生化武器也可能并存，战场环境威胁性很大。如未来的一体化防空防天系统和反空袭手段更先进，能力更强，对空中和空间目标的威胁更大，有人驾驶飞机面临的风险更高，作战效能受到严重制约，而无人机因不载人，可突入城市和机场等高风险地区上空，完成作战任务。在反水雷和反潜战上，无人潜水器能深入敌方水雷区，或绘制雷区图为己方潜艇和水面舰引航，或自行爆破敌方水雷。此外，美国海军提出的“从海到陆”战略，要求发展一种能适应潜水作战的特殊传感器，而先进的无人潜水器所特有的近海潜水侦察能力可有效地满足这一军事需求。由此可见，未来将出现更加适应军事需求的无人机、无人潜水器及军用机器人等无人作战平台。

2. 技术推动无人作战武器呈现多元化发展

在军用无人机发展方面，目前世界上已发展出高空长航时无人机、中空长航时无人机以及战术无人机等，大部分还仅限于无人侦察与监视使用，少部分用于反辐射。如美国的“全球鹰”、“暗星”、“捕食者”和“纳蚊”等“蒂尔”系列长航时无人侦察机，除“暗星”续航时间为12小时以外，其他三种都在40小时左右，航程一般在900千米以上，“全球鹰”的航程为2.6万千米。“骑士”战术无人侦察机的续航时间较短，大于3小时。今后，随着信息技术、新材料技术和航空推进技术等高新技术的进步，军用无人机将取得新发展。不仅继续发展高性能无人侦察机，而且各种隐身和非隐身无人作战飞机以及微小型无人机将在未来投入使用。例如，无人机可大量采用轻型优质的复合材料技术，实现机体轻型化；采用微机电系统与技术，使得发展手掌大小乃至昆虫大小的微小型无人机成为现实；采用先进的气动布局和隐身技术，可使无人机具备高隐蔽性和行动的突然性，提高生存能力；各种多用途、多光谱传感器的采用，可大大提高目标图像的分辨率；高速微处理机和数据链路，使得无人机能实时传输信息；集成技术的发展，为实现无人机的多功能和高效能提供了必要手段。

在无人潜水器发展方面，由于这种水下无人作战平台具有尺寸小、机动灵活、隐蔽性好、攻击突然性强、造价低廉、智能性高、近海作战能力强以及可由水面舰艇或水下潜艇同时布放多艘等特点，已备受各国海军青睐。特别是在水雷战与反水雷战、潜艇战与反潜战及网络中心战已成为未来海战的主要作战样式的当今，无人潜水器将越来越受到重视。目前，世界上已有十几个国家在加紧研制无人潜水器，美国和西欧等军事强国研制最快。例如，装有炸药的遥控潜水器是美国、西欧等国猎雷舰艇的主要猎雷装备，并有14个国家的海军引进法国研制的猎雷遥控潜水器。随着先进传感器技术、低成本高能源密度电池技术、水下推进系统技术、导航定位技术以及水下通信技术的不断发展，高性能的无人潜水器将在21世纪海上战场出现。

在军用机器人发展方面，西方发达国家发展速度很快，应用也较为广泛。目前，已拥有供海、陆、空三军使用的侦察监视、弹药搬运、布雷排雷、险境救援、反雷反潜、对地攻击等各类军用机器人，并正在发展智能性更高的军用机器人。例如，美军正在研制的具有听觉功能的移动式探明评估机器人，可用于保护野外武器库和机场等重要军事目标。美国海军陆战队正在发展的远距离多功能机器人车，具备监视、摄像、机动和武器发射等功能。美国陆军也在发展一种“全地形机器人”，既可作为部队侦察员使用，也可作为工兵使用。此外，美国还在研究可用于探测核生化战剂的微型机器人，犹如昆虫或沙粒般大小，隐蔽性与侵入性极强。

无人作战飞机将成为未来重要的武器装备。美军开始用现有无人侦察机改装成攻击机在战争中使用。新研制的无人作战飞机，已对多架试验机进行试验。无人作战飞机在近年发生的局部战争中不乏大量使用；无人作战飞机的任务设备越来越先进，载弹量不断增大，还将携带定向武器、安装空中受油设备，并成为网络中心战的重要一环；但在可预见的将来，无人作战飞机将主要作为有人驾驶战斗机的辅助力量，担负“先发制人”式打击、防空火力压制和侦察监视等任务，用于近距离空中支援和空战还有待时日。

3. 经济可承受优势使无人作战平台前景广阔

无人机、无人潜水器以及军用机器人等无人作战平台相对于有人作战平台而言，在经济可承受性、杀伤威力、战场生存力、部署方式、机动灵活性以及反应速度等方面都具有较大优势。尤其是在经济可承受性方面，由于国际形势的转变与国防经费的削减，今后武器装备的发展更加强调经济上可承受得起，所发展的高技术武器装备要求既经济又实用，而高性能无人化作战平台的发展恰好满足经济有效的武器装备发展原则，因此也更具有吸引力和生命力。仅以军用无人机的经济可承受性加以说明。

无人机因不载人，所以可以设计得结构简单、尺寸小、质量轻、使用方便、易于操作和维护，降低因机组人员参与而带来的设计复杂性和大量的飞行演练活动等，从而使其采办费用和作战支援保障费用大大降低。例如，无人机可以在设计时降低与驾驶员生理条件和安全条件有关的指标要求，不考虑机组人员，不设自动驾驶仪系统，适当降低无人机结构强度的要求，使得整机的质量降低，节省采办周期内的费用。同时，由于不载人，无人机可省去许多飞行训练与实战演练活动，除非军事演习和实战，否则无人机平时可像导弹一样库存维护和保养，战时投入使用。相关作战训练可以主要靠模拟器完成，并减少飞行中队或编队的翅模。这样可节省大量训练维护费用。国外分析认为，与今天有人驾驶飞机相比，无人机的机体因没有驾驶舱，一般可使机体缩小 40%以上，微型无人机的大小仅有 6 厘米，无须跑道或机场，可像巡航导弹一样由地基、海基等平台发射；无人机飞行中队的规模可减少 10%—20%；作战与支援保障费用可以节省 55%—84%，甚至节省的费用比例还会更多。在研制经费上，有人驾驶飞机是无人机的几倍或几十倍。以美国研制的各类无人机费用为例，美国在研的“骑士”无人侦察机研制经费为 2.685 亿美元，单价为 30 万—35 万美元；曾在科索沃战场实战使用的“捕食者”中空长航时无人侦察机研制经费为 2.099 亿美元，采购单价不大于 300 万美元；“全球鹰”高空长航时无人侦察机研制经费为 3.707 亿美元，“暗星”高空长航时隐身无人机研制经费为 3.269 亿美元，两者单价均为 1000 万美元。而像美国 F-15 这样的第三代战斗机的研制经费达 20 亿美元，单价为 3000 万—5000 万美元，使用维护经费约占全寿命费用的 60%以上；像 F-22 这样的第四代战斗机的研制经费高达 200 亿美元，采购单价近亿美元；SR-71 有人驾驶侦察机的采购单价也要 2260 万美元，TR-1 高空有人驾驶侦察机的单价高达 4000 万美元。不难看出，无人机在经济可承受性上具有很大吸引力，加之在功能和性能上的优势，其发展将日益受到重视，在未来战争中的应用也将越来越普遍。国外分析认为，再过20年时间，无人侦察与无人作战飞机在未来战争中有可能主宰空中和空间，无人作战将变得越来越重要。同样，无人潜水器和军用机器人也具备经济可承受性上的优势。此外，在杀伤力方面，无人机、无人潜水器等无人作战平台可以实施近距侦察和近距攻击，利用自身信号弱、机动性好、造价低廉等特点，对敌方目标发起近距攻击，并投掷价格便宜或非制导的弹药等，可与远距精确制导打击武器发挥同样的作用。在生存力方面，由于这些无人作战平台不受机场、跑道、港口等限制，可以松散部署或根据战场突发情况随机部署，降低被发现、受攻击的可能性。

(二)无人化武器装备对作战带来的影响

军事领域的一条不变真理：技术决定战术。恩格斯早就说过："每个在战史上因采用新的办法而创造新纪元的伟大将领，不是新的物质手段的发明者，便是以正确的方法运用他以前所发明的新器材的第一人。"掌握智能化武器和手段的军队，必将充分利用自己武器优越的作战性能和超常反应、机动、打击能力，采取与之相适应的新战法，从而引起未来作战方式方法的深刻变革。

一是将导致战争形态发生质的变化。以工业时代战争能量释放"热能"形态为参照，信息时代智能化作战的能量释放形态，突出地表现为：有针对性的能量释放形态，或者说使能量有控制地释放，使之与战争的目的更加符合；人机结合的智能的能量释放形态，例如自动寻的武器、机器人士兵、智能战车等；系统化的能量释放形态，即解决智能指挥控制的技术问题，保证联合作战指挥的一体化，使各种力量整体作战效能得以充分发挥。

二是将为达成战争目的提供更加合理的选择。智能化作战的最大特点是战斗力空前增强而附带毁伤空前减小。高技术战争的目的有限，智能化作战手段为政治家与军事家寻找到一种新的目标平衡，即通过经济的、强有力的、有效的军事打击来达成理想的政治目的，不产生或极少产生因附带作战毁伤而引起的种种灾难和麻烦。

三是非接触、非线式、击点式、瘫痪式作战将是未来作战的主导样式。以信息和人工智能技术为支撑，智能化作战解放“人力”，加强“火力”，将促成未来作战的四个转变：由传统的打“面”转向打“点”；由打近距作战转向打不接触的远战；由打作战实体目标转向打“智能神经”系统；由“人＋火力”对抗转向“人＋人—机＋火力”对抗。进攻一方将完全能够在远距离不与敌直接接触的状态下全时空地毁伤和击败敌人，从而使非接触、非线式作战成为主要交战方式。智能化将进一步强化超视距、非线式作战的观念。

四是将改变传统的“集中”“机动”原则。未来智能化作战将能够实现“点对点”“1＋1”的效果，即一个武器平台发射一枚炸弹准确击毁一个目标。智能化指挥控制将能够实现在最有利的时间、地点集中各种作战力量，合理有效地打击敌方。因此，智能化作战将使“集中”“机动”的内涵变新。变集中兵力、火力为集中战斗力效能，变兵力机动为火力机动，使未来作战向精确化、灵巧化、节约化方向发展。

五是将赋予人与武器关系新的内容。智能化武器使人与武器的结合更加紧密，实现“双增”，即人的能力和效率大为增强，武器的打击力和作用大为增强。但不论智能化武器如何“神勇”，都不能改变人是战争主体这一根本，智能化武器和使用手段归根到底是人的能力的延伸和发展。战争史一再表明，矛与盾相伴而随，相斗发展。有智能化武器就有反智能化武器及其手段。智能化武器与其他武器同样要受到人和自然各种因素的制约。智能化程度越高，越依赖于系统工作。但是，我们不能因此忽视智能化武器在未来战争中的重要作用，而要跟踪研究它、认识它，寻找对付它的有效办法。

第七节　新概念武器

新概念武器是相对于传统武器而言的，是指工作原理、杀伤机理和作战方式有别于传统武器概念的，可大幅提高作战效能与效费比的一类新兴兵器。也可以认为是采用新思想、新理念、新技术、新结构、新能源、新材料和新工艺发展的，在高技术兵器体系中发挥战斗力倍增器作用的创新性武器群。处于探索、发展或运用中的新概念武器，主要包括定向能武器、动能武器、非致命武器、新概念生化武器等。除此之外，还有正在酝酿中的熵兵器。

一、激光武器

激光技术是研究激光的产生、变换、传输、探测及其应用的技术，是20世纪60年代出现的重大科学技术成就之一。激光技术在军事上的应用是多方面的，但主要是对武器装备产生影响并相应引起作战方式的变化。激光技术几乎可以融合到所有的现代武器当中，配合现有武器装备使用。它在军事行动的目标测定、己方定位、射击精度、远程攻击和毁伤威力等方面，发挥了很大作用，提高了武器的作战能力，并在实战中取得积极效果。

(一)激光测距机和激光雷达

1. 激光测距机

是用激光器作为光源测量目标距离的装备。它是激光应用于军事最早的装备。1961年，即世界上第一台激光器出现的第二年，就制成第一台激光测距机样机。1964年第一批激光测距机交付试用，1968年大批投产。目前，类型超过100种。

激光测距机具有作用距离远、测量精度高、体积小、重量轻及抗干扰性能好等优点。激光测距机在军事上使用的范围几乎渗透到各军兵种，成为一种极为普遍的军事装备，如步炮测距机、坦克测距机、机载测高仪和机载测距机、舰炮测距机，航天技术中的卫星跟踪测距机、超远程的地—月激光测距机，以及遥感技术中用于军事侦察的测距机等。

测距机的发展趋势是把测距—观察(瞄准)—跟踪综合成一体，使激光测距机成为一种多功能、高度自动化的军事装备。

2. 激光雷达

其原理和微波雷达原理相类似。主要用于确定目标的距离、速度、加速度和角坐标(即确定目标的位置)。激光雷达的优点：测距精度达几厘米(微波雷达为几米)；抗干扰性能好，可弥补微波雷达的盲区；设备体积小、重量轻。

激光雷达的主要类型：有导弹发射初始段的跟踪测量雷达，低飞行目标跟踪测量雷达，目标飞行姿态的测量雷达，反导和再入大气层测量与目标识别雷达以及宇宙导航雷达等。上述除宇宙导航雷达外，其他雷达都已正式列入靶场的测试设备。

(二)激光制导

激光制导就是利用激光技术进行导引和控制。它可以导引和控制飞机、军舰和导弹等武器。对一枚导弹来说，激光制导的功能是测量、计算导弹实际飞行路线与理论飞行路线的差别，形成制导指令，调整导弹发动机的推动方向，控制导弹的飞行路线，以允许的误差命中目标。

用于武器系统的激光制导方式有两种：一种是半主动式回波制导，另一种是半主动式波束制导。半主动式回波制导是弹头本身不装激光发射器，只装激光接收器和导引头。发射源可安装在地面(水面)，也可以安装在飞机上。弹头发射后，激光接收器自动接收来自目标反射或散射的激光能量，并将弹头导向目标。半主动式波束制导，也是在弹头上装有激光接收器导引头，但弹头必须始终沿着地面、水面或空中发射的激光波束飞行并攻击目标。目前已装备部队和投入作战使用的有激光制导炸弹、激光制导导弹、激光制导炮弹等。

激光制导武器的抗干扰能力较强，是目前战场上受其他因素制约较少，最具进攻性的武器之一。

(三)激光通信

激光通信和电子通信一样，分为有线通信和无线通信两种。有线激光通信称作光纤通信，或称光缆通信；无线激光通信分为大气激光通信和空间激光通信。二者区别在于，大气激光通信是利用大气作为传输媒介，空间激光通信是以空间物质作为传输媒介。

激光通信的优点是信息容量大，通信距离远，保密性能好，设备体积小、重量轻。信息容量是衡量通信设备优劣最重要的指标。信息容量与信道频带宽度成正比，频带愈宽，信息容量就越大。微波通信由于通信频率的限制，基准频带不可能很宽。而激光是用光频作为信道频率，激光的频率高达 1011—1015 赫兹。因此，激光通信的基频比微波通信基频高 107 倍。从理论上讲，激光通信可以同时传输 1000 万套电视节目或 1 亿路电话。保密性强是说激光波束窄，使信息在空间的散布很小，因此，它不易被察觉或截获。另外，激光通信还有良好的抗电磁干扰和抗辐射能力。激光通信的弱点是在大气激光通信中，由于光是直线传播的，天气、地形、地物对它的影响很大，难以在全天候使用，易受起伏地形和高大地物的阻隔；激光束很窄，因此通信瞄准比较困难，无线必须有精确的方向性。

(四)激光武器装备

激光武器完全是激光技术在军事领域里直接应用的结果，它打破人们对传统武器认识的概念，以一种全新概念和作用机理，区别于以往的武器。

激光武器是以激光能量直接杀伤和破坏目标的一种定向能武器，是利用高速、高能激光束直接杀伤或击毁目标，使其丧失作战效能。这种新式武器的能量沿一定方向传播，在传播方向的一定距离内具有杀伤破坏作用，在其他方向、任何距离，均无杀伤破坏作用。它主要由激光器、瞄准跟踪系统和光束控制与发射系统组成。

与常规武器相比，激光武器具有速度快、精度高、机动灵活、不受电磁干扰和费效比高等特点，在作战中的表现非同凡响。目前，高空机载的气动激光器、陆地车载的放电激光器和海上的化学激光器，都有重大突破。据报道，美国空军曾用安装在改进的波音飞机上的发射能量为 400 千瓦的二氧化碳激光炮，击毁 5 枚从“海盗式”战斗机上发射的“响尾蛇”导弹。俄罗斯已经建造作用距离 10 千米的防空激光武器系统，试验中击毁过模拟美国的无人驾驶亚音速飞机；以色列也研制出激光防空武器系统，并进行过击毁飞行中火箭炮弹的试验。

激光武器被誉为“超级武器”，是一种非常先进的攻防兼备型武器，按其用途通常可分为战术激光武器和战略激光武器两大类。战术激光武器主要包括激光致盲武器和用于防空、反坦克、反战术导弹的近程激光武器。

激光致盲武器就是所谓的“激光枪”，也称“激光视觉干扰系统”。1995年10月，联合国将激光致盲武器列入具有过分致伤或滥杀滥伤作用的非人道武器，在全球范围加以禁止研制和发展。近程激光武器，主要指机载、舰载或坦克、装甲车等携带的非高能的激光武器，其用途主要是对付敌人成群来袭的飞机、地面大规模进攻的坦克、发射的战术导弹，尤其是子母弹等战场目标。专家认为，近程激光武器因其本身特点，用于防空或对付对方大规模的目标有相当的发展潜力。战略激光武器就是高能、远距作战的激光武器，该种武器为实施太空战尤其是太空中的反卫星和反导弹作战提供重要的物质手段。

在20世纪80年代，美国政府曾针对苏联导弹威胁，开始以激光武器为主要拦截手段的战略防御系统的研究，其设想是以陆基部署为主，通过加大太空战斗反射镜来完成反导作战使命，其明显的优势是以光速将能量投射到目标上，并能多次重复发射，大大增加了反导防御系统的灵活性和有效性。

二、微波武器

(一)微波武器概述

微波是一种高频电磁波，波长范围在1毫米至1米。微波可以用特殊的天线汇聚成方向性极强、能量极高的波束，在空中以光速沿直线传播。所谓微波武器，指的是利用微波束的能量直接杀伤破坏目标或使目标丧失作战效能的武器，又称射频武器。

(二)微波武器在未来战场上可能的应用

一是杀伤人员。微波武器对人员的杀伤作用分为“非热效应”和“热效应”两种。非热效应指的是当微波强度较低时，可使人产生烦躁、头痛、神经错乱、记忆力减退等现象。如果把这种效应作用于炮手、坦克和飞机驾驶员以及其他重要武器系统的操纵人员，会使之生理功能紊乱而丧失战斗力。热效应指的是在强微波的照射下，使人皮肤灼热、致盲、皮肤及内部组织严重烧伤和致死等。

二是破坏各种武器装备的电子设备。试验表明，当微波强度比较低，为0.01—1 $\mu W/cm^2$ 时，可以干扰工作在相应频段的雷达和通信设备，使之无法正常工作；增加到0.01—1 W/cm^2 时，可使通信、雷达、导航等系统的微波电子元器件失效或烧毁；增加到10—100 W/cm^2 时，其瞬变电磁场可使各种金属目标表面产生感应电流，通过天线、导线、电缆等各种入口进入目标内部电路。轻者使电路功能混乱，出现误码、抹掉记忆信息等现象，重者则烧毁各类电子元器件，这种效应又称为非核电磁脉冲效应。微波强度再增加，达到1—10 kW/cm^2 时，则会在极短时间内加热破坏目标。因此微波武器可攻击的目标非常之多，从军事卫星、洲际导弹、巡航导弹、飞机、坦克、军舰到雷达、计算机、通信器材，只要处于强微波的覆盖区内，都将可能遭受到攻击而丧失作战效能。

三是有可能成为攻击隐身武器的有力手段。20世纪90年代崛起的隐身武器能攻善守，适用于陆、海、空战场，具有重要战略意义。如海湾战争、科索沃战争和伊拉克战争中美国的F-117、B-2隐形战机就发挥过重要作用，出尽风头。而隐身武器装备之所以能够隐形，除了有独特的气动外形设计，减少雷达的反射波之外，主要是在材料上下功夫。美国的B-2轰炸机，不仅在机体中采用能够吸收雷达微波的材料，而且还在机体表面涂有能够吸收雷达微波的涂料，吸收雷达的探测信号，使之达到隐形目的。由于雷达发射的微波强度很低，隐形飞机可以安然无恙，但遇到强度比雷达微波高出几个数量级的微波武器，情况就大不一样，轻者失去隐形效能，重者瞬间被加热，导致机毁人亡。因此，强微波武器一旦投入战场使用，完全有可能成为各种隐身武器装备的“克星”。

近二十年来，美国和俄罗斯等国家积极发展微波武器，重点研究微波的杀伤和破坏机理以及超高功率微波发射源。美国在发展高功率微波技术中，应用已成熟的技术，首先选定小功率和中功率微波武器，功率比现有的战术干扰机分别高3个数量级和6个数量级。据美军人员透露，海湾战争刚刚开始的数小时内，美国海军首次使用微波武器。由“战斧”巡航导弹携带微波弹头，用来破坏和摧毁伊拉克电子系统，包括防空武器和指挥与控制系统，取得了出奇效果。

三、粒子束武器

(一)粒子束武器概述

粒子束武器，指的是通过特定的方法将电子、质子或离子加速到接近光速，聚集成密集的束流，然后直接(或去掉电荷后)射向目标，以束流的动能或其他效能杀伤破坏目标的武器。它分带电粒子束和中性粒子束两大类。20世纪80年代美国提出“战略防御倡议”计划时，粒子束武器被作为反导防御武器的一种候选方案对其开展大量研究工作。进入21世纪以来，这种研究工作正在加速进行。粒子束武器在未来有可能成为一种重要的高技术武器。

(二)粒子束武器的基本原理

粒子束武器的基本原理是用高能强流粒子加速器，将注入其中的电子、质子、各种重离子一类的带电粒子加速到相对论速度(接近光速)，使其具有极高动能，然后用磁场将它们聚集成密集的高能束流，并直接(或去掉电荷后)射向目标，利用这些高能粒子束把大量的能量在极短时间内传递给目标，通过它们与目标物质发生强相互作用达到杀伤、摧毁或识别目标的目的。

(三)粒子束武器的破坏机理

粒子束武器的破坏机理有三种：一是烧融效应；二是提前引爆目标中的炸药或破坏目标中的热核材料；三是破坏目标的电子设备和器件。根据美国20世纪80年代以来的研究结果，粒子束武器在战争中的应用主要在于，利用中性粒子束武器进行洲际弹道导弹的拦截和弹头飞行中段的识别。

虽然粒子束武器的原理不复杂，但要实现还有一系列技术难题，有些还是很难突破的。首先是能源问题。要使粒子束真正具有实战意义，必须有强大的脉冲电源。有人计算过，要使粒子束在导弹壳体上烧个小孔，粒子束到达目标的脉冲功率必须达到1013瓦特，能量为107焦耳。按照这种需要计算，假设加速器的效率为30%，即使不考虑粒子束传输的能量损失，要求加速器脉冲电源的功率至少要达到3×1013瓦。而目前研制的最先进的脉冲电源的功率只有 107 瓦，比实际需要相差 6 个数量级，即 100 万倍。其次是加速器问题。粒子加速器是粒子束武器的核心，用它产生高能粒子，并聚集成密集的束流，使其具有足够的能量和强度。有人做过计算，要达到破坏目标，加速器必须能够把粒子加速到 1—1000 兆电子伏特，每个束流脉冲携带的能量为 106—1012 焦耳，每秒钟要能产生 5—50 个束流脉冲。现有的各种类型的加速器都不能满足，相去甚远。再次是粒子传输问题。带电粒子束在大气层内传输有三个问题：一是能量衰减；二是束流扩散；三是受地磁场的影响，使粒子束弯曲而偏离原来的方向。即使是中性粒子束，在传输时也存在扩散问题。

正因存在上述一系列技术难题，尽管美、俄等国都积极研究粒子束武器，但目前仍处于探索阶段。

四、动能武器

动能武器指的是一类能够发射超高速弹头，利用弹头的功能直接撞毁目标的武器。所谓超高速，通常指 5 倍音速以上的速度。动能武器因获得动能来源的不同而形成多种武器种类，主要有动能拦截弹、电磁炮等。

（一）动能拦截弹

动能拦截弹分为反卫星和反导弹两种。前者指的是用于击毁敌方卫星的机载空对天导弹，后者指的是用于摧毁敌方来袭导弹的反导弹导弹。动能拦截弹很大部分是利用现有的导弹技术。

反导弹的动能拦截弹是美国星战武器家族的重要成员。它于 1983 年投入试验，次年 4 月在 160 千米的高空曾成功拦截一枚洲际弹道导弹。近几年，美国在研制国家导弹防御系统（NMD）和战区导弹防御系统（TMD）的过程中，把使用反导弹的动能拦截弹拦截对方导弹作为作战的主要手段，并多次进行实弹拦截试验。2008 年 2 月，美国使用舰载“标准-3”导弹，成功击毁一颗废旧卫星。2007 年 1 月 11 日，我国在西昌发射一枚“DN-1”（也称 SC-19）反卫星导弹，精准命中轨道高 865 千米、重 750 千克的报废气象卫星——“风云一号 C”。2010 年 1 月，我国又试验第二代反卫星导弹 DN-2。2015 年 11 月，我国进行第三代反卫星导弹 DN-3 的试验。DN-1、DN-

2、DN-3 反卫星导弹的出现，标志着我国反卫星导弹技术的成熟，而且这三种导弹覆盖低轨道、中轨道和高轨道(同步轨道)，将所有人造卫星都纳入我国反卫星导弹的打击范围。

(二)电磁炮

电磁炮是利用电磁力加速弹丸的现代电磁发射系统的武器。电磁炮按其结构不同，分为线圈炮、轨道炮和电热炮等。线圈炮是电磁炮的最早形式。它由若干固定线圈和一弹丸线圈组成。固定线圈相当于炮管，依次通电后会形成运动磁场，在弹丸线圈中产生感应电流，利用磁场和感应电流相互作用的电磁力加速弹丸线圈或其他磁性材料射出。轨道炮是电磁炮的主要发展形式。它是在两条平行放置的轨道中间夹一弹丸，弹丸后部有一等离子体或固体电枢，利用流经轨道的电流产生的磁场与流经电枢的电流之间的电磁力加速弹丸的射出。

电磁炮作为发展中的高技术兵器，其军事用途十分广泛。一是反卫星和反导弹。采用电磁炮把 10 克—1 千克的弹丸加速到 3—20 千米/秒，可用于摧毁空间的卫星和导弹，还可以拦截由舰船和装甲车发射的导弹。二是防空。美军认为用电磁炮替代高射武器和防空导弹遂行防空任务有许多无可比拟的优点。美国正在研制长 75 米、发射速度可达 500 发/分、射程几十千米的电磁炮，准备替代舰上的“火神密集阵”防空系统。用它不仅能打击临空的各种飞机，还能在远距离拦截空对舰导弹。三是反装甲。美国的打靶试验证明，电磁炮是对付坦克装甲的有效手段。有关资料报道，用某一种电磁炮做试验，完全可以穿透模拟的 T-72、T-80 坦克的装甲厚度。此外，随着电磁发射技术的发展，它还可以用于常规火炮的增程，飞机、导弹、卫星的发射等。

电磁发射技术的研究已有 80 余年历史，最近 20 多年来随着新技术、新材料的不断发展，电磁炮的研究取得不少实质性进展，引起各国政府和军方的关注。美国的 NMD 计划也把电磁炮作为天基反导系统的重要备选方案。战术应用的电磁炮也将进入全面的工程发展阶段。除美国外，俄罗斯、英国、澳大利亚、日本等国家也都在积极开展电磁炮的研究工作。总的来说，虽然目前各国的电磁炮技术都还处于预研阶段，有的方案研制出演示样机，有的方案还在进行理论研究，但是据国外专家估计，它在军事领域有广泛应用前景。

五、非致命武器

非致命武器是指为达到使人员或装备失能，并使附带破坏最小化而专门设计的武器系统，又称作失能武器或非杀伤武器。从广义上讲，它是涵盖信息战装备、反机动、反人员等各种非杀伤性武器的一种新概念武器群体。目前，国外发展的非致命武器，按照用途基本上可分为反装备非致命武器和反人员非致命武器两大类。

(一)反装备非致命武器

反装备非致命武器是对人员不造成杀伤，专门用于对付敌方的武器装备的武器。如美国在科索沃战争中曾使用石墨炸弹，使南联盟全境70%的电力系统遭到破坏。这种石墨炸弹就是一种反装备非致命武器。一般而言，绝大多数武器均有反装备能力，如反辐射导弹、动能武器、战术激光武器、高功率微波武器等都可称为反装备武器。但目前正在研制的专门用于反装备的武器主要是化学物质类反装备武器。这是利用特制化学制剂的某种特殊的物理、化学性能，使武器装备或有关设施不能使用或被损坏的反装备武器。据报道，美国的洛斯·阿拉莫斯国家实验室和劳伦斯利弗莫尔国家实验室等世界著名科研机构近几年一直在秘密研究多种化学剂类反装备非致命武器，主要有：

1. 化学致瘫剂

能使飞机、舰船、坦克及军用车辆的推进系统或行走机构不能启动、行驶，如橡胶溶化剂可使轮式车辆的轮胎溶化而无法行走。

2. 化学致滞剂(或黏结剂)

这是一些具有极强黏合力的聚合橡胶，可从飞机上喷射，或用炮弹投放。它们能像胶水一样使飞机黏在机场跑道上无法起飞，使枪炮、车辆等被黏住，或者无法操作使用，或者被黏在公路上无法行驶。

3. 特种润滑剂

能像油一样洒在公路、机场跑道上，使轮胎“打滑”，车辆、飞机无法启动。

4. 油料凝结剂

能使燃油在常温下迅速凝结成胶冻状，从而使坦克及各种军用车辆的发动机无法启动。

5. 超级腐蚀剂

是一种比氢氟酸的腐蚀性大几百倍的腐蚀剂，能毁坏桥梁的金属结构，减弱其承重能力，毁坏坦克的光学仪器或弹药的点火装置。

(二)反人员非致命武器

这种武器可使敌方战斗减员。目前，国外正在研究开发几种专门的反人员非致命武器，其作用为：用于控制骚乱的非致命能力；使人员失能的能力；阻止人员进入某一区域(地面、海上和空中)的能力。主要有声学武器、情绪控制武器和光弹等类型。

1. 声学武器

利用各种技术产生不同频率和音量，使人感到不适或内脏受损而无法工作的武器。最典型的是次声武器和高能超声波武器。

次声武器是利用频率低于20赫兹的次声波与人体发生共振，使共振的器官或部位发生位移和变形而造成损伤的一种探索中的武器。次声波与人体发生共振的频率和强度不同，对人体的各种器官和部位损伤程度也不同。强度相同、频率不同的次声波可对不同器官和部位造成损伤；频率相同、杀伤程度则视次声波强度而定。次声波对人可产生精神的和机械的损伤。其主要症状有全身不适、无力、头晕目眩、恶心呕吐、眼球震颤，严重的可发生神志失常、癫狂不止、腹部疼痛、内脏震颤等。国外实验证明，10赫兹135分贝的次声波，可使小白鼠的内脏濒临坏死状态；5赫兹170分贝左右的次声波，可使狗的呼吸困难，甚至停止呼吸。次声是不易被人察觉和听不见的声音，在大气中传播衰减很少，与大气沟通的掩体和工事难以防御。次声武器的作用距离，决定于次声发生器的辐射声功率、指向性图案和声波的传播条件。

高能超声波武器利用高能量的高频声波造成强大的大气压力，使人产生视觉模糊、恶心、呕吐等生理反应，减弱或使其丧失战斗力(也可用于定向扫雷和破坏电子系统等)。

2. 情绪控制武器

情绪控制武器也称思想控制武器,是依据心理学原理以及声、电、光学原理研制的专门用于影响或控制人的情绪、思维的武器。它利用专门的仪器设备发射一种特殊的电磁波或白噪声(一种令人心烦或讨厌的声音),进入人的潜意识,以控制人的情绪,改变人的行为,但不扰乱人的其他智能。这种情绪控制技术可能被用于平息骚乱,挫伤敌军士气,甚至使其丧失战斗力;也可用于激励友军士气,提高战斗力。

3. 光弹

这种武器是利用高能炸药爆炸的能量加热稀有气体(旧称惰性气体),使之发出极强的多向或单向闪光,致人眼盲。据称,这种弹药可用 155 毫米火炮发射,在居民区使用不会造成死亡和严重的附加杀伤。

虽然上述几种武器目前都处于探索和试验阶段,但随着信息技术的迅猛发展,在不久的将来会真正出现在战场上,能使未来战争的作战样式发生一定变化。

六、新概念生化武器

在新概念生化武器发展中,生化传感器、生物芯片和昆虫机器人的发展及应用值得关注。

生化传感器主要用于野战救治中快速检验伤员的生化指标,探测生物和化学毒剂。在此,酶传感器是生物传感器的先驱,后来发展到光寻址电位传感器、光纤生物传感器、核酸探针生物传感器、作战服环境传感器、生物战剂探测仪、微型血样分析器、脉搏检测仪、自动去颤器、手持磁共振成像扫描仪、神经战剂传感器等。如美国陆军研制的"阿金特斯"神经战剂传感器,可以探测多种传统传感器无法探测到的化学制品,即使检测表面有防冻剂、乙醇、柴油、洗涤剂、咸海水,也可以检测出其中 1 微克以下的神经战剂。美军曾在伊拉克战场上部署过 1500 多个这种神经战剂传感器,收到良好效果。

生物芯片系统是当前生化传感器的重要组成部分。美国研制的一种基于电化学传感器陈列的基因芯片是基因芯片技术与DNA生物传感器技术相结合的结果。

昆虫机器人是20世纪90年代初美国提出的新概念，其构思是：在昆虫“幼蛹”阶段时，把微控制器植入昆虫体内，从而使“微控制器”随着昆虫器官的生长而逐步融为一体。当昆虫成熟后，便可以通过操纵微控制器来影响昆虫的行为，完成各种侦察与破坏任务，包括对飞机或卫星上的系统无法发现的地方进行侦察，对敌军传染伤寒、霍乱等疾病，也可以充当间谍和展开水下探测、太空星球(如火星)探测等。当然，美军“昆虫机器人”当前的首要用途是反恐。为此，美国正在发展一支反恐特种部队，其主要成员包括甲虫、蟑螂、金龟子等昆虫。

站在历史角度，信息化战争的终结决不会使战争走到尽头。根据当代科学技术发展趋势和战争演变规律可以预测，信息化战争之后的战争将进入熵兵器战争时期。

熵是一个重要信息度量概念，用以描述不确定性减少的程度。熵在不同学科有着不同具体含义，但均为代表着不确定性的数学度量。它与信息密切相关，通常情况下，信息量越大，系统越稳定，不确定性越小，熵越小；反之亦然。

随着信息技术的高度发展和信息化战争形态的演进，信息在作战中的地位、作用不断提升，战场越来越透明，战争中信息所带来的不确定性因素随之大为减少。于是，熵的变小和科技的跃升，必然会引发新的军事变革，并再次强力改变战争的机理和面貌。到那时，决定战争胜负的将可能不再是化学能量或信息能量，而是新概念能量和对通透互联战场的适应度。届时，替代信息化战争的可能是一种趋于“文明”、更为有效的武力征服方式，有相关资料把这种战争称为熵兵器战争，我们也随之把熵兵器战争中可能使用的新概念、新能量武器系统称为熵兵器。

可以预测，在熵兵器时代，机器人战、隐形与微型战、心理介入战等新型作战将成为一种常态。这时的军队将由人与智能机器人及其武器系统高度结合构成。美国《21世纪战略技术》报告也称：“20世纪的核心武器是坦克，21世纪的核心武器是无人系统。”

第五章　新时代战争新高地

21世纪以来，以新一代网络、太空、极地、深海、智能、生物等为代表的高新技术群，使战场空间向新型领域拓展，战争形态由物质能量主导型向信息主导型、智能主导型转变。尤其是生物科技与信息、纳米、认知等科学技术的交叉融合，将突破人类传统的生命禁区，重塑未来战场形态，开启“无限风光在险峰”的新境界。

第一节　网络：国家安全新命门

2000年，美国总统国家安全事务助理克拉克宣称：“数字珍珠港”时代已经到来。这一判断主要源于20世纪90年代美国兰德公司模拟的人类第一场网络战争事件：未来某一天，敌方电脑专家把计算机病毒输入西方程控电话交换系统，使华盛顿所有的电话，包括手提电话全部失灵；在电话系统软件中插入许多“天窗”，使纽约和伦敦的证券市场股票狂跌；利用事先设定好的计算机“逻辑炸弹”，破坏美国的空中交通指挥和铁路运输系统，使装有军需物资的火车开错地方。在这场网络袭击中，大批的电脑“寄生虫”出现在美军指挥系统软件中，美军指挥机构电脑网络数据库被破坏，调动军队和物资的计划流产，西方一架民航客机也因受到“逻辑炸弹”的袭击而坠毁。最不可思议的是，美方的战地指挥官通过无线电接到上级命令，却不知这些命令全是假的。

而今伴随网络应用的快速普及和不断升级，“数字珍珠港”事件已经不再是科幻，而是现实。网络空间军事斗争也从简单到复杂、由低级向高级快速发展，其作用越来越大。正如未来学家托夫勒在《第三次浪潮》中所预言的：谁掌握信息，控制网络，谁就拥有整个世界。美国 2010 年的《四年防务评估报告》指出：“尽管这是人为的领域，但网络空间现在已经像地面、海上、空中、太空一样成为国防部活动相关的一个领域。”

一、网络空间安全是维护发展安全的基础支撑

网络安全和信息化发展是相辅相成的。安全是发展的前提，发展是安全的保障，安全和发展要同步推进。古往今来，很多技术都是“双刃剑”，一方面可以造福社会、造福大众；另一方面，也可以被一些人用来损害社会公共利益和民众利益，网络技术尤为突出。从世界范围看，网络安全威胁和风险日益凸显，并不断向政治、经济、文化、社会、国防等领域传导渗透。特别是国家关键信息基础设施面临较大风险隐患，网络安全防控能力薄弱，难以有效应对国家级、有组织的高强度网络攻击。

网络空间作为一个人为的新空间，把人类政治、经济、军事等各领域活动置于其上，重新定义现代主权、政治生态、经济生活，并最终重新定义国家安全。以美国为例，仅国防部在全球的网络就超过 1.5 万个，计算机设备超过 700 万台，美国利用网络空间支撑军事系统和国家情报系统的运转。无论发达国家，还是发展中国家，其重要基础设施的安全和有效运转——包括能源、金融、运输、通信以及国防工业基地，都要以网络空间的安全为基本保证。一旦网络不安全，整个国家机器都无法正常运行，甚至导致政府失控、社会动乱，最终导致国家崩溃。

21 世纪，网络空间安全关乎国家安全、政治安全、经济安全和军事安全。当前，网络空间安全形势严峻，网络空间安全事件频发。近年来，北非、中东相继爆发的政治动荡，往往是由幕后操手以社交网站为平台，通过网络控制舆论、煽动社会动乱，致使有关国家政权坍塌。

二、网络空间安全是维护公共安全的重要保障

网络空间不仅支撑国家机器的运转，也成为企业和公众，乃至个人生活的依赖和保障。2000—2010 年，全球互联网用户从 3.6 亿人增长到 20 亿人。随着互联网使用的持续增长，网络已成为人类日常生活不可或缺的

空间。与其他空间安全问题不同的是，网络空间安全问题既能对社会整体安全构成威胁，也能对具体企业和个人构成严重威胁。这些威胁往往来自恐怖主义、极端主义和暴力团伙。这说明，网络安全不仅事关国家安全全局，同时也是维护社会公共安全的重要保障。

网络恐怖主义是社会公共安全的重要威胁。它是恐怖主义向信息领域扩张的产物，以破坏政治稳定、经济安全，扰乱社会秩序，制造轰动效应为目的。无论是利用网络遂行恐怖活动，还是攻击网络平台制造恶劣影响，都将极大破坏人类共生共存网络的安全性和有序性，并影响世界各国的社会公共安全，成为所有国家和人民的共同敌人。进入21世纪，恐怖势力和犯罪团伙利用网络贩毒、窃取网民信息、从网上银行窃取资金、进行网络诈骗等，都反映出网络空间安全形势的严峻性，以及网络空间在维护公共安全上的重要性。

三、网络空间安全是决定战争胜负的“命门”

伴随军事行动网络化，网络空间演变成继陆、海、空、天后的第五维战场。人类战争史表明，战争的制胜因素与战场的空间开辟是同步进行的。每开辟出新的战场，对这一战场的争夺与控制将成为制胜关键。而对网络空间来说，还有一个与有形实体战场不同的特点，即网络空间是其他战场空间的支撑。以往陆、海、空有形战场，如果有一维空间被严重破坏，其他战场仍能作战，如陆战场控制权丢失并不必然导致海战场控制权的丢失。但信息化军队建立在网络基础之上，陆、海、空、天等战场都依存于网络空间，一旦网络空间被控被毁，其他战场也将随之失去支撑。正因如此，网络空间的开辟，使网络战场的争夺成为决定信息化战争胜负的关键领域，网络空间成为战争制胜的“命门”。

海湾战争以来的军事实践表明，网络空间已经成为攻击的首要目标，而国家关键基础设施和政府、军事系统可以经由网络空间被破坏。事实证明，随着网络成为多维战场空间的支撑，网络空间军事斗争的最高形式——网络空间作战已成为打赢战争的中枢。战争的胜利先从网络空间的胜利开始，谁掌握网络空间主导权，谁就赢得战争的主动权；谁失去这个中枢，谁就陷入战略被动。如伊拉克战争中，伊军失败得如此之快，就是因为整个网络空间被对手控制，结果政府职能和军事指挥瘫痪，军心民心涣散，抵抗力量一夜“蒸发”。

在社会信息化迅速发展的今天，互联网无处不在。一个安全、稳定、繁荣的网络空间，对一国乃至世界和平与发展越来越具有重大意义。进入21世纪，世界主要国家高度重视网络空间安全威胁，同时重视网络空间军事运用的重大价值。美国最先制定《“赛博空间”作战能力构想》路线图；俄罗斯随后提出“网络军控”，力图遏制美国的网络战能力发展；英国积极宣扬“网络主权”意识；日本则提出“信息安全是综合安保体系的核心”。围绕网络空间的军事斗争和战略博弈已经展开，并不断升温，呈现出越来越强劲的竞争之势。

第二节　太空：战略制衡新高地

早在20世纪60年代，航天技术的发展还处于萌芽状态，时任美国总统约翰逊就断言：“比起任何终极武器(核武器)，还有更重要的东西，那就是终极位置(外太空)”，“谁取得这一终极位置，谁就能控制——完全控制——地球”。进入21世纪，伴随航天技术的井喷式发展，人类正以前所未有的速度开拓太空，不仅深刻改变着人类社会的生产生活方式，而且也对国家安全和军事斗争产生极其深远和重要的影响。

一、太空安全成为国家安全的支柱与关键

伴随人类对太空依赖性的不断增强，太空安全不仅是国家安全的重要组成部分，而且成为实现国家安全的先决条件。没有太空安全，就没有国家安全。

太空安全是国家安全的重要支柱。目前，人类社会的政治、经济、科技、军事等各个领域都离不开太空支持。太空中的各种卫星为我们提供测绘、通信、导航、气象等各种信息与服务，维持社会体系的正常运转，可

以说没有太空支撑，人类生活就无法正常进行。1998 年 5 月 19 日，美国在轨运行的“银河 4 号”卫星出现故障，导致美国哥伦比亚公司、美国广播公司、CNN 等卫星电视和有线电视广播不能正常提供服务，美国机场网络和世界银行都不能正常工作，4500 万用户寻呼机(占 80%)不能正常使用，美国社会生活系统一时陷入瘫痪。

尤其是在突发灾害和重大事故中，太空更是承担重要角色：太空提供的各种情报信息、精准定位和快速数据分发能力是国家安全应急体系高效工作的基础与前提。在 2004 年印度洋海啸、2005 年克什米尔地震、2011 年日本福岛核反应堆泄漏等事件中，卫星实时高分辨率图像为紧急救援提供重要支持，也为后续开展后勤指挥、人员安置、安全防护、物资分发、交通运输及搭建通信网络等，提供巨大帮助与支持。2016 年 4 月，厄瓜多尔连续发生强烈地震。应厄请求，中国国家航天局紧急调动“高分二号”卫星对厄受灾地区进行观测，并提供“高分二号”卫星获取的灾区震后影像图和灾区震前影像图，为厄掌握灾情、开展救援工作提供信息支持。

太空安全是国家安全体系的关键。国家安全是一个大概念，包含着各个领域的安全，如政治安全、经济安全、军事安全、文化安全、网络安全、国土安全等。其中，太空安全承担着特别重要的角色。太空安全为其他领域提供支撑，且与其他安全领域相互渗透、相互促进，是国家安全的关键节点与要害。谁掌握太空，谁就掌握国家安全的“新阀门”。

当太空安全受到威胁，国家安全也将面临挑战。2002 年 6 月 23 日至 30 日，我国“鑫诺”卫星 2A、3A 转发器受到非法攻击，云、贵、川等 10 余个省级电视台受到严重干扰，侵犯公民权益，危及我国家安全。当太空安全受到严重威胁，国家安全体系也将受到致命影响。2001 年 1 月，美国国防部部长拉姆斯菲尔德发表《美国的国家空间安全领导、组织与管理》评估报告，明确指出“必须警惕空间珍珠港的威胁”。人类对太空严重依赖和太空自身的脆弱性，使太空成为国家安全的一根“软肋”。

二、太空正孕育着新型战略威慑力量

以往核武器是主要的战略威慑力量，是国家战略稳定的基石。伴随航天技术的发展，太空领域正孕育出新的战略威慑力量。

太空态势感知和即时打击系统，成为打破既有战略平衡、改变全球战略态势的有效手段。高效及时的太空感知能力，不仅可以全方位、全时空监测敌方战略核力量，还能为国家反导系统提供及时准确的信息保障，削弱对手核力量的战略威慑作用。比如，美国通过高低轨道预警卫星配合，实现对弹道导弹助推段、中段和再入段的全程探测与跟踪。美国在低轨道部署的空间跟踪和监视系统，由 24 颗太阳同步轨道卫星组成，其对弹道导弹的探测与跟踪已通过实战检验。美国正在部署的高轨道天基红外系统，由 2 颗大椭圆轨道和 4 颗地球静止轨道卫星组成，从敌弹道导弹发射到系统探测到目标并将目标传输给指挥中心的时间只需 10—20 秒，从而为后续多层、多次拦截提供足够时间。

美国正在研制的太空即时打击力量，能在 1—2 个小时内打击地球上任何目标，不仅具备摧毁和破坏战略核武器及其基础设施的能力，而且由于速度快、机动能力强，现有防空反导系统都不能实施有效拦截，是改变“游戏规则”的革命性战略威慑力量。早在 21 世纪初，美国就提出“1 小时打遍全球”计划。为实现这一计划，美国主要研发高超声速“三驾马车”：HTV-2“猎鹰”飞行器、X-51A“驭波者”高超声速飞行器、X-37B 空天飞机。2012 年底，五角大楼曾进行计算机推演，美国利用其全球即时打击能力，只需使用 3500—4000 件精确制导武器，就可以将一个大国 80%—90%的战略力量和基础设施摧毁，剩余的战略力量用其反导系统就可以全部毁灭，其战略威慑作用可见一斑。

太空威慑与核威慑、网络威慑交织融合，共同构成战略稳定链。以核威慑与太空威慑关系为例，对核武器的指挥控制需要太空卫星，核威慑的实现依赖于太空，并且太空威慑将进一步刺激核力量的发展。美国天基反导系统的发展，可能促使其他大国不得不增强核打击能力，发展机动能力更强的核洲际弹道导弹。再以太空威慑与网络威慑关系为例，网络威慑的成败取决于太空，网络的关键功能只有通过太空才能实现。太空路由器确保互联网、全球信息栅格的数据流动。并且太空威慑的实现需要网络，几乎所有的太空活动都依赖于网络，太空力量通过空间网络协议实现组网，是网络系统的组成部分，网络威慑会进一步增强掌控太空的能力。总之，太空威慑与核威慑、网络威慑，任何一个领域威慑的实现都依赖其他领域的支持。缺少某一个领域，其战略威慑效果都是有限的。

太空威慑与核威慑、网络威慑相比，还具有独特优势。核威慑是以核武器为基础的，在现实中，运用核武器的可能性比较小。而太空威慑是以太空能力为基础的，尽管它的敏感度高，但仍属常规威慑的范围，其威慑能力是实实在在存在的，可用性高，可控性强，且效果佳。它可以明确地警告对手：如果胆敢挑战我，你也必将付出更大代价。正是由于这种独特作用，太空威慑已成为大国战略博弈的新焦点和战略制衡的新筹码。

三、太空成为打赢信息化战争的决定性因素

从近几场局部战争实践看，侦察监视、通信、导航、气象等卫星在夺取战场信息优势、提高武器装备作战效能等方面发挥的作用越来越大，已成为打赢信息化战争至关重要的支撑。从信息化战争发展趋势看，空间作战力量不仅是最重要的信息支援力量，而且成为直接的对抗力量。对太空的控制将成为未来战争制胜的关键。

太空是信息化战场的核心要素与中枢。太空是信息化战场传感器网、指挥控制通信网和精确打击网的重要空间载体，在支撑常规作战能力方面占据核心地位。比如，2002 年美军突袭阿富汗霍斯特东南叛军武器藏匿地，作战行动先是由特种作战小组负责侦察并发现武器藏匿地，然后由两架 F-15E 飞机携联合直接攻击弹药提供空中火力，一举将武器藏匿地摧毁。这次行动的成功，首要取决于战场三大网络的正常运转：传感器网利用天基侦察卫星提供的监视地区卫星图像，通过不同时段图像比对分析，发现该地区西北方有挖掘的痕迹，初步判断出行动位置；由气象卫星提供行动时间内地球与太空天气预报，指挥控制通信网利用卫星提供不间断通信，确保指挥控制顺畅；精确打击网利用和调控 GPS 卫星，将信号增强至最优级，确保联合制导攻击武器精确击中目标。

太空控制成为信息化战争的关键。基于太空力量在信息化战争中的突出贡献和关键作用，卫星和其他太空基础设施很可能在冲突中成为打击和

干扰的对象，甚至一些民用卫星由于可能作为军事力量的补充，也极易成为被打击目标。因此，太空对抗已成为信息化战争的重要组成部分，太空控制已成为战争制胜的关键。未来战争中，谁控制太空，谁就能够掌控制空权、制海权和制陆权。这就像鹰是飞行动物食物链的最高端，太空已成为“战争食物链”的最顶端。不仅如此，对水面、水下、极地等公共空间和新型领域的控制也依赖太空支持。太空是控制新型领域与传统领域的制高点，是各领域间共振发力的中枢点。

四、太空能够开辟隐蔽对抗新领域

美、俄认为，太空领域与其他领域军事斗争相比，呈现出更强的隐蔽性。太空行动的隐蔽性，主要体现在干扰源隐蔽、位置隐蔽和功能隐蔽等。

一是干扰源隐蔽。这是指对航天器的干扰很难准确判断干扰来源。比如，对通信卫星实施干扰，难以准确判断其攻击来源。

二是位置隐蔽。根据国际组织规定，为确保地球静止轨道的高效运用、减少拥挤，地球静止轨道卫星寿命终结时，应让出轨道位置，被推到墓地轨道。由于墓地轨道有大量废弃的卫星，以目前的太空态势感知能力不容易被发现。美国曾提出，将攻击力量部署在墓地轨道，其比地球静止轨道高 200—300 千米。

三是功能隐蔽。由于 95%的航天技术都具有军民两用性，很难明确区分某种太空技术或手段是军事用途还是民用目的。军事强国往往利用这一点，以民用目的掩盖其具备的作战潜能。例如，美国国防高级研究计划局实施的“凤凰”计划，在 2015 年发射“细胞星”，战时可由太空机器人从退役卫星上抓取天线和太阳能电池板等载荷，安装在细胞星上，让其具备作战功能。“凤凰”后续计划的“蜻蜓”项目，则是将整件发射难度大的大型卫星分解成组件，长期贮藏在轨道上，一旦需要就可快速组装形成战斗力。

诚如美军航天参谋部司令约翰·海顿所讲：“正因为有太空，我们可以在任何时间、任何地点、任何气象条件下打击地球上任何一个目标；相反，如果不能利用太空，美军将回到二战模式和工业时代的战争。”

第三节　极地：大国博弈新领域

2018 年 1 月 26 日，国务院新闻办公室发表《中国的北极政策》白皮书，全面介绍中国参与北极事务的政策目标、基本原则和主要政策主张。中国是北极事务的重要利益攸关方。基于这一基本定位，中国希望在北极事务中“不越位、不缺位”。中国是北极事务的积极参与者、建设者和贡献者。

极地包括北极和南极，分别位于地球的最北端和最南端，地理位置和自然环境均十分独特。极地之所以成为战略竞争的重要领域，根本原因还在于其自身的特殊价值。随着气候变化和人类科技水平的不断提高，极地特别是北极地区作为全球尚未完全开发的重大战略资产，存在进一步激发各国战略争夺的前景。在这种情况下，极地与国家长远发展和安全的关联越来越紧密，在这一战略领域占有先机，将成为影响国家未来地位的重要因素。

一、极地将成为海上战略新通道

从南、北两极的情况看，南极虽是大陆，但与大西洋、印度洋和太平洋相连，遥望合恩角、好望角等世界海上要道，对全球的海上通道有着重要潜在影响。北极在全球海上通道中占有更加重要的地位。北极地区的中心地带是北冰洋，向西通过挪威海、格陵兰海和巴芬湾与大西洋连接，向东则与白令海峡和太平洋相通联。从地理上看，北极就是连接大西洋和太平洋的最短航线，只是由于极寒气候和大面积的海冰，才阻止了人类对这一重要航线的有效利用。历史上，人类也曾出于战争特殊需要而使用北极航线。比如，二战期间，英、美盟军就利用冰岛至摩尔曼斯克港口(及阿尔汉格尔斯克)的北极航线，向苏联输送战略物资和武器装备，并与旨在进行“破交战”的德国潜艇展开残酷战斗，双方付出 2 万余人阵亡的代价，总共运送物资约 400 万吨。

随着全球气候变暖趋势加强，极地的冰盖缩小，海冰厚度也明显变薄。在北极，夏季北冰洋海冰覆盖范围在近30年内呈明显缩小趋势，冰龄也在缩短，北冰洋航线的无冰期不断延长。北冰洋从原来人类不得已而用之的航线，逐步变为可以规模化、常态化利用的海上航线，其海上通道的价值越来越突出。北极航道主要有三大类，即北极内部航道、北极域内港口到域外港口航道、穿越北极的跨洋航道。目前主要使用的是前两类航道，但真正具有巨大潜在价值的，则是连接大西洋和太平洋的跨洋航道，包括经过俄罗斯北部的“东北航线”(也称北方航线)，和经过美国阿拉斯加州和加拿大的“西北航线”。其中，中国与其最大贸易伙伴——欧盟相连接的东北航线最具吸引力，战略价值也越来越突出。2009年，德国两艘商船就在没有破冰船帮助的情况下试航东北航线；2013年，中远集团的“永胜轮”实现中国商船在北冰洋的首航。这些试航的成功，预示着北冰洋作为世界重要贸易运输航道的宏大前景。

与其他航线相比，通过北冰洋的航线主要有三大优点。一是距离短。这一点在“东北航线”体现得尤其明显。以从上海到欧洲港口鹿特丹的航运为例，经由“东北航线”的距离，比经由“马六甲海峡—印度洋—红海—苏伊士运河”这一传统航线缩短约2600海里，在航运时间上则从30天缩减为14天。而从上海到纽约，传统经由巴拿马运河的航线为10567海里，经由北冰洋的“西北航线”则为8632海里，航线缩短约20％。二是通行能力强。苏伊士运河和巴拿马运河均为人工开凿运河，其宽度和深度有限，对过往船只的船体大小和吃水深度有严格限制。在许多情况下，巨型货轮往往只能向南绕道好望角或合恩角。而北冰洋航线则为天然深水航线，只要无冰，巨型货轮就可以不受自身规模限制而自由通航。三是附带费用少。苏伊士运河和巴拿马运河的通行能力有限，船舶通行和停泊均需缴纳相当一笔费用。而使用北冰洋航线，如果不需使用破冰船服务，其船舶停靠点、相关费用和成本将随之降低。

综合以上优点，北冰洋航线的竞争力非常明显。国际社会普遍预计，北冰洋航线一旦完全投入使用，将成为全球海上通道的重要组成部分，从而改变全球航运的格局，甚至促使北半球的贸易重心进一步北移。在这种情况下，北冰洋航线也将带动地缘政治的变化，历史上苏伊士运河和巴拿马运河成功开凿后带来的巨大地缘经济和政治变化很可能在北极重演。

二、极地与资源和能源安全密切相关

两极是世界上重要的资源和能源富集区。北极的能源蕴藏量十分可观，是可与中东相媲美的油气资源战略储备仓库。2008年，美国地质调查局出台的评估报告表明，北极地区的石油蕴藏量达到900亿桶，占世界石油储量的13%；天然气47万亿立方米，占世界天然气储量的30%；可燃冰440亿桶。2012年，英国石油公司也发布报告估计，北极地区的煤炭资源储量超过1万亿吨。近年来，随着北极油气资源勘探的深入，已探明油气储量不断被刷新，且新增储量主要来自北冰洋洋底。

南极资源蕴藏量同样巨大，包括极其丰富的矿产、能源、淡水和生物资源。其中，已发现矿产资源220多种，主要有煤、铂、铀、铁、锰、铜、镍、云母、石墨、萤石和宝石等。煤储量超过5000亿吨，高品位铁矿蕴藏量惊人，如查尔斯王子山铁矿号称“铁山”，初步估算可供世界开发利用200年。另外，还包括丰富的油气资源，石油储量为500亿—1000亿桶，天然气储量为3万亿—5万亿立方米。南极生物资源也十分丰富，其磷虾总藏量常年可维持在50亿吨之内，被誉为“世界蛋白质仓库”。在淡水资源方面，南极的冰雪资源占全球冰雪资源的90%，储存了全世界可用淡水的80%。

随着气候变暖和资源开采技术的提高，极地资源已经越来越成为实际开采利用的目标。南极资源开采活动受到《南极条约》的有效约束，各国只能勘探，不能开采。但在北极，从20世纪70年代钻探第一口油井以来，油气资源开发已有50多年历史，目前已进入大规模开发的前夜。截至2012年，美国已在北极海域钻探86口油气井，2016—2017年分别有两大片地区交由石油公司试探性开采。挪威在北极油气开采中也占有重要地位，2013年挪威政府向世界主要石油开采公司颁发新一轮开采许可，共有86个区块被许可开采。

俄罗斯、加拿大等国对北极资源的开发更是高度重视。2008年俄罗斯就出台北极战略规划，提出在2020年之前使北极变成俄罗斯“首要战略能源基地”。2013 年，俄罗斯公布《2020 年前俄联邦北极地区发展和国家安全保障战略》，提出建立俄属北极地区资源储备基地，以应对 2020 年以后传统开采地油气产量下降局面。俄罗斯选择巴伦支海作为开发突破口，并与法国和挪威等国石油公司结成合作伙伴共同开发。加拿大的北极油气资源，主要分布在麦肯齐河三角洲、波弗特海、东北北极沿岸和北极群岛等地区。一些世界级的石油巨头已经在加属北极地区开展油气钻探，像埃克森美孚公司的石油钻井平台，就于 2017 年开始生产石油；韩国天然气公司也沿加拿大西北地带修建液化天然气输送站。总之，极地已经越来越直接地关系到世界各国资源和能源安全，成为影响许多国家长远发展的重要因素。

三、极地关系到国家科研能力的发展

北极和南极是世界上的两大寒极和磁极。人类活动和开发非常有限，蕴藏着很多科学上的未解之谜。极地科考从人类探险极地的一开始就占有非常重要的地位，冰川研究、地质研究、海洋生物研究、气象研究、地球物理等项目都在极地开展。极地一定程度上扮演着世界科学发展的“实验室”。其中，随着全球气候变化趋势加剧，极地在气象研究中的独特地位越来越受到关注。北极和南极是地球上最重要的冷气团之源，极地气团的运动直接影响两个半球的气候变化。同时，作为地球的两大磁极，北极和南极近似于两个环闭地磁源，由于宇宙场、地磁场和环闭地磁场的相互作用，对地球上的大气环流、电离层的运动造成了重要影响。

为此，极地很早就成为人类开展气象研究的重要场所，并且越来越为各大国所重视。美国已经在极地建立由天基、空基和地面探测系统组成的“三位一体”气象观测体系，并建立起完备的外层空间观测体系。加拿大在北极建立长期极地环境大气研究实验室，使其科学家可以一年四季对整个北极地区的天气进行全面研究。日本则于 2006 年在北冰洋中心位置设立世界首个全天候观测点。

同时，极地又是地球上气候最极端、电磁环境最复杂的地方，属于天然试验场，可进行包括航天设备在内的各种材料与装备的测试。部分国家利用极地进行武器装备试验，特别是武器装备的寒冷试验和特殊武器的研发。美军规定，所有武器装备、零部件和材料以及弹药，都必须先送到环境实验室进行模拟环境试验，再送到环境试验场进行实地环境试验，只有通过这些试验，才能正式交付部队使用。为此，早在1949年，美国就在阿拉斯加山脉以北的格瑞利堡建立寒冷地区测试中心，当时称之为“阿拉斯加北极测试分机构”，现在是美国国防部首要的寒冷气候测试场所。此外，美国还在极地环境研发一些特殊武器。比如，利用南极特殊的地球磁场条件研究电磁武器，利用南极极端的气象条件研究气象武器，在北极阿拉斯加还建立“高频有源极光研究计划”等试验基地。俄罗斯在北极地区也经常进行类似的武器试验。

四、极地是战略武器运用的“地缘制高点”

从地缘上看，两极分别是俯瞰北半球和南半球的战略制高点。一方面，北极与南极均与数个大洋连接，属世界地理中的“通衢”之地，拥有重要的地缘战略价值；另一方面，极地分别是南北半球向南北两个方向延伸线的汇集区。根据地球球体的特性，北极和南极点至任一纬度线上各点具有大约相等的距离，通过极点到达各自两个半球表面的平均空中距离最短，成为两个“航空要冲”。由于世界主要大国均集中于北半球，北极也是到各大国最短距离的交会点，多条重要空中航线经过北极圈，使得北极的“航空要冲”战略地位更为突出。其中，北极点到北京和华盛顿的距离均为5000多千米，到莫斯科约3800千米。从军事角度来看，任何部署在北极的空中投射物，都可以用最短时间覆盖美、欧、中、俄等大国的战略腹地。早在1950年，美籍俄罗斯人塞维尔斯基就提出地缘政治的北极“空权论”，指出任何大国如果能在北极获得完全的制空权，就能获得对欧亚和北美大陆的控制权，并进一步取得全球的军事优势。

特别是战略轰炸机和战略弹道导弹技术成熟后，北极地区迅速成为战略武器部署的理想地点。从理论上讲，当时的美国弹道导弹从北极点打到莫斯科的时间仅10多分钟，苏联导弹从北极点打到美国华盛顿的时间也仅20多分钟，均为最短射程。

从20世纪50年代开始，美、苏就在北冰洋沿岸建立预警线和拦截线，此后又在北极部署陆基洲际导弹等战略性武器。其中，双方在北冰洋部署战略核潜艇，尤其反映出北极在战略武器运用方面的制高点地位。战略核潜艇作为一种隐蔽性相当高的战略作战平台，是核大国进行第二次核打击的关键力量。但随着技术进步，对核潜艇的监控追踪能力也在发展。一些大国的近地轨道侦察卫星、海洋监测卫星和声呐追踪系统形成立体的核潜艇追踪体系，可以有效发现、追踪和监视核潜艇。而在北极，由于很多海域覆盖着1米以上的厚冰，而且海冰层还不断变化，彼此碰撞摩擦，空中电离层活动也十分频繁，严重影响海洋监视卫星、声呐追踪体系等主要的反潜侦察手段的效能，使北极地区成为核潜艇隐蔽活动的理想场地。

因此，冷战时期，美、苏都将北冰洋作为发动第二次核打击的重要海域，双方的战略核潜艇在北极厚厚的冰层下持续展开追逐和跟踪。像美国的"洛杉矶级"、苏联的"台风级"等战略核潜艇，都具备专门的破冰能力，可以有效实施在北冰洋的巡航和作战。冷战结束后，双方战略核潜艇的这种较量仍在持续，北冰洋的"猫鼠游戏"还在进行。

正因为极地在战略通道、资源、科研和军事等方面的独特价值，使北、南两极越来越多地吸引了各国的关注。对许多国家尤其是大国来说，极地已经成为影响国家安全与发展的战略新疆域，成为国际政治、经济和安全竞争博弈的重要战略焦点，牵动着大国关系的走向。

截至2017年5月，俄罗斯已经在北极部署一个步兵军(有三个摩步旅)、第61独立海军陆战旅。"北极三叶草"军事基地也已完工，成为世界上最北端的军事设施，基地的物资储备可以满足150名士兵生活18个月。在俄方看来，北冰洋区域不仅是自然资源的大仓库、俄罗斯经济重生与繁荣的水上交通命脉，还是俄罗斯与西方竞争的雄厚资本。

除俄罗斯外，美国在北极布设水下无人潜航器，投入北极破冰船；加拿大计划建造八艘具有破冰能力的巡逻舰；丹麦、挪威等国也制定了相应的北极政策。

第四节 深海：战略主动权新筹码

进入21世纪，随着深海科技不断发展和在军事领域的广泛运用，世界海洋大国都在加速开发和经略深海，充分利用深海战场空间的独有特性，威慑、打击和制衡对手，改变军事斗争战略态势。深海在维护国家安全和发展中展现出极为重要的战略地位和军事价值。

一、深海是发挥水下力量威慑功能、维护国家海上安全的重要战略空间

对于深海空间的界定，世界上并没有固定标准，不同国家和不同研究领域不尽相同。在海洋工程领域，一般认为水深大于300米为深海，水深大于1500米称为超深海。从军事斗争角度讲，由于潜艇、水雷、水声对抗等水下主战装备主要活动和部署于水下几百米的深度范围内，因而军事斗争上的深海通常指的是海面之下一定深度的海洋空间。

深海作为海洋战场的一个重要战略空间，具有海域广阔、连通性强，隐蔽性好、难以被侦察发现的特点，便于发挥深海作战力量威慑和打击的作用，是各国维护海上安全必争必保的战略空间。以深海为依托展开的水下军事斗争，既能够有效发挥常规威慑效果，更具有巨大的核威慑作用。

深海军事斗争的威慑作用，来自潜艇、水雷等水下作战力量良好的隐蔽性和强大的突击能力。现代常规潜艇相比于一战、二战时期，隐身性能更好，艇载鱼雷、导弹等武器的精确打击能力和杀伤破坏力进一步增大，现代水雷武器的智能化、破坏威力也有新提高，迫使敌方不得不投入巨资发展反潜、反水雷斗争手段，深海军事斗争的常规威慑功能更加突出。

为此，世界各国特别是中小国家非常重视常规潜艇、水雷等深海军事力量的发展和运用，以充分发挥其对敌威慑效能。比如，在马岛海战中，尽管阿根廷海军只出动两艘陈旧的常规动力潜艇，却仍然依靠潜艇的固有隐蔽性，对英国海军现代化特混舰队造成很大威胁，迫使其动用大量舰船

和飞机持续进行反潜作战，甚至导致英国海军多次盲目地向海洋生物进行攻击。

随着核时代的来临，世界主要国家纷纷发展海基核力量。目前，弹道导弹核潜艇与战略轰炸机、陆基洲际弹道导弹一起构成国家“三位一体”战略威慑力量。与陆基、空基核力量相比，海基核力量具有生存能力强、机动范围广、打击威力大的优势，具备第二次核打击能力。特别是随着反导武器系统的发展，海基核力量相比陆基核力量的优势越发凸显，它可以在世界各大洋广泛机动，海基发射的核导弹能有效避开敌反导系统的拦截通道，确保核打击的有效性。海基核力量的强大威慑作用，可以有效遏制敌人对本国的入侵，使敌方不敢轻易将军事冲突升级为核战争。

二、深海打击是制衡对手、维护国家安全的“撒手锏”

深海打击手段作为维护国家海上安全的“撒手锏”，在历次战争中都发挥重要的制衡对手的作用。

在两次世界大战中，以潜艇战、水雷战为代表的深海军事斗争，在打击敌方舰船、破坏敌海上交通线、封锁敌方港口等作战中发挥了重要作用，为赢得战争胜利做出突出贡献。以潜艇为例，一战中，参战双方被潜艇击沉的舰船比例高达80％。

二战中，这一比例仍然保持在65％的高比例。二战末期，美国对日本本土基地港口实施代号为“饥饿战役”的大规模水雷战，全面封锁日本海上交通线，严重削弱了日本的战争潜力。日本在战后认真检讨太平洋战争的失败教训，认为真正使日本巨大的战争机器停转、宣布无条件投降的原因，不仅是美军的越岛进攻和投向广岛、长崎的两颗原子弹，更是因为美国海军的水雷和潜艇封锁彻底切断其海上生命线。因而，战后日本深刻吸取二战深海作战的惨痛教训，面对苏联对其海上航线的水下封锁，大力加强反水雷、反潜艇等深海军事斗争力量的建设，以确保其两条1000海里海上生命线的安全。

二战后的实战和对抗演习也一再证明，高性能的深海攻击力量是对敌方实施结构性破坏和心理震慑的“撒手锏”。如在马岛战争中，英国攻击型核潜艇一举击沉阿根廷海军唯一的巡洋舰“贝尔格拉诺将军号”，迫使阿根廷海军水面舰艇全部撤至本土领海线以内，再也不敢出战。

海湾战争初期，伊拉克重金打造的海军舰艇无所建树，但布设的1200多枚水雷却毁伤多国部队的9艘舰艇，其中美国就有4艘战舰被炸伤，迫使多国部队派出大批兵力实施反水雷作战并改变原作战计划，水雷也因此被誉为“穷国的战略武器”。

在1986年美国和埃及海军联合演习期间，埃及海军装备的老式苏制潜艇就曾多次突破美航母编队的防御，到达攻击阵位，当美军开始反潜后，它又数次从美舰的包围圈中逃脱，令美国海军十分震惊。韩国和以色列海军潜艇也在与美国共同举行的军演中有效突破反潜防御，并模拟“击沉”美国航母。未来的联合作战强调体系对抗，非对称制敌，深海军事力量将以其独特的非对称作战优势，成为击破敌体系、以小搏大、实施战略制衡的重要手段。

三、经略深海是改变军事斗争态势的重要手段

经略深海之所以能够有效改变军事斗争态势，首先是源于深海军事力量不断拓展的战略功能。二战后，随着深海军事力量的不断发展，其战略功能也不断拓展，不但可以威慑，也可以进行实战；不但可以“以潜制海”，而且可以“以潜制陆”。在冷战后的海湾战争、科索沃战争、阿富汗战争、伊拉克战争和利比亚战争中，美国和北约的潜艇不仅封控对手的近海，还利用艇载巡航导弹向对方本土纵深目标发起“由海向岸”的远程精确打击，开创深海军事力量对岸打击的先河。2015年12月，俄罗斯部署在叙利亚附近地中海海域的“基洛级”潜艇“顿河畔罗斯托夫号”，发射数枚“口径”潜对岸巡航导弹，对“伊斯兰国”军事重镇拉卡周边恐怖分子据点进行远程精确打击，击中其武器库、工厂和石油基础设施，充分显示俄罗斯深海军事力量的对岸远程打击能力。随着深海军事技术的不断发展，世界各国正加大经略深海的力度，不断调整深海军事战略，加强新型武器装备研制，深海军事斗争正在成为现代战争新的制高点。

目前，世界大国正在积极发展可在深海部署的水下母舰、全电动潜

艇、深海无人潜航器、新型核潜艇，以及潜射无人机、潜射巡航导弹和反卫星导弹等新一代高技术武器。在信息系统支撑下，这些深海武器装备将在进一步提高对水面、水下目标打击能力的同时，还可实施全球快速打击，摧毁地面装甲部队和导弹基地，有效拦截敌空中目标，准确击落卫星，使其信息传输网络瘫痪等。深海军事斗争不但可以直接影响海战场，而且可以影响陆战场、空战场甚至太空战场，从而改变双方军事斗争态势，对战争进程和结局产生更加重大和深远的影响。

在这一背景下，世界强国正以前所未有的力度加大对深海的经略。比如，美国针对其他国家快速增长的军事实力，主张利用美军在无人作战、隐身和远程空中作战、水下战等领域的传统优势，构建“全球监视与打击”网络，恢复并维持美军前沿部署威慑态势和兵力快速投送能力，抵消对手不断增强的作战能力，尤其是“反介入/区域拒止”能力。其中，在水下战方面，美军认为，由于固有的隐身特点，以及核动力提供的极长航时，核动力攻击潜艇和巡航导弹潜艇能够在水下持续待命数月而不会被探测到。其“全球监视与打击”网络，可利用核潜艇等深海力量为己方提供各种威胁环境下的近海情报，并秘密输送和支援特种部队作战。在冲突期间，深海军事力量不仅能执行传统的反潜战和反水面舰艇行动，而且还能通过传感器进行反制攻击，击落对手高价值预警机和作战飞机，打击对手内陆纵深目标和坚固地下目标，从而有效改变军事斗争态势，夺取战略主动权。

经略深海之所以能够有效改变军事斗争态势，还在于与其他领域军事力量相比，以潜艇为代表的深海军事力量可进行相对独立作战，更容易对敌人形成有效的威慑力。在现代海军装备技术水平迅速提高、体系作战逐步取代独立平台的环境下，潜艇等深海力量仍然是海军中可以相对独立作战的装备。在现代海军装备体系中，航空兵战斗力的发挥对体系的依赖很大，想依靠其军事装备发展取得海上制空权的难度大，投资也过大。水面舰艇无论是近海还是沿海作战，都面临敌方的海空威胁，其战斗力发挥需要与航空兵密切配合并得到有效支援掩护。相比之下，潜艇的优点是：自身就可以构成完整战斗力，没有其他军种支援也可有效展开军事行动，能够依靠其强大威慑力实现比实际战斗力更高的战略价值。因此，对许多中小国家来说，与其增加几艘缺乏配合支援的水面战舰，不如增加一艘潜艇，其所带来的作用更加有效，在战争环境中体现出的价值也更高，更能够有效地改变与对手的海上斗争态势。

四、深海开发是维护海洋利益、建设海洋强国的重要支撑

深海资源开发特别是油气开发，是确保国家能源安全、维护海洋权益的重要战略举措。当前，作为确保国家能源安全的重要手段，海洋油气开发已上升至战略高度，越来越多的国家将谋求油气经济利益、确保国家能源安全的希望寄托于海洋，深海油气资源开发不断升温。

改革开放以来，我国经济快速发展，能源短缺问题日益突出。2011年，我国原油对外依存度首次超过能源消费大国美国。当前，我国已成为全球最大的石油进口国，能源安全面临严峻挑战，加快自身资源开发是我国能源战略的必然选择，而海洋油气开发成为重中之重。经过多年发展建设，我国国内海域油气产量已由20世纪80年代的9万吨增加到5000多万吨，创造出“海上大庆”，建立起渤海、东海及南海北部三大油气生产区，油气保障能力实现历史性跨越。近20年来，我国海洋油气生产日渐兴起，海洋原油产量在全国原油产量中的比重逐年增加，在过去10年间，我国新增石油产量有53%来自海洋，2010年这一比例达到85%以上，显示出我国海上油气生产的巨大潜力。近年来，我国投入巨资打造能够在3000米水深工作的“海洋石油981”钻井平台，进一步提升我国深海油气勘探开发能力，对于实现国家能源战略具有重要意义。

深海资源开发还有利于维护我国在公海和国际海底的海洋利益。世界海洋拥有丰富的战略资源，《联合国海洋法公约》(以下简称《公约》)将国际海底区域及其资源确定为人类的共同继承财产。依照《公约》规定，在国际海底区域内开展资源勘探和开发活动是世界各国的普遍做法。随着深海技术的快速发展，西方发达国家纷纷投入巨资开展富钴结壳和其他深海海底资源的勘查开发研究。

进入21世纪，多金属硫化物、天然气水合物、深海稀土资源成为国际社会关注的新焦点。多年来，我国积极参与国际海底区域活动，先后组织

开展40余个大洋调查航次，相继申请获得多金属结核、多金属硫化物、富钴结壳等资源勘探合同区，发展以“蛟龙号”载人潜水器(2012年以来，“蛟龙号”先后完成20余次下潜“海洋中的珠穆朗玛”——马里亚纳海沟，最大潜深超过7000米，是世界上在马里亚纳海沟下潜次数最多的载人潜水器)、“海斗号”自主遥控水下机器人(2016年下潜深度破万米)为代表的深海勘查技术装备，为我们认识深海、和平利用深海资源发挥了重要作用。2016年2月，我国通过《深海海底区域资源勘探开发法》，对于推进我国深海科技发展，提升深海资源勘探开发能力，促进我国深海事业的发展和海洋强国建设提供有力保障。

第五节　生物：军事变革新引领

俄罗斯生物学家沙瓦耶夫将全球性危险源分为三类，即来自大自然、人类社会以及人类创造的技术和工艺世界带来的威胁。而生物威胁则贯通于这三者之间，包括自然界的生物因素，如新冠病毒、“非典”、禽流感、甲型H1N1流感等，尤其是新冠病毒，对世界的影响远超人们想象；社会因素，如传统生物武器、生物恐怖等；人为因素，如转基因技术用于军事用途，将可能造成对现存生物秩序的影响，形成重大人为灾害。生物领域已成为国家安全领域中愈发重要的组成部分，颠覆性生物科技革命将引领新一轮军事变革。

一、军事生物科技将改变战斗力生成模式

战斗力构成要素，主要包括人、武器装备以及人与武器的有机结合，包括信息技术在内的传统技术，往往通过融入这些要素来生成战斗力。生物技术与传统技术不同。生物技术既可以融入武器装备形成战斗力，又可以直接作用于敌我双方的作战人员，并产生双向作用：作用于己方，可以有效提升战斗力；作用于敌方，不仅直接杀伤人员，而且可以大规模削弱战斗力，甚至使其组织机构瘫痪。战斗力将不再依赖于弹道武器杀伤等传

统形式来实现，而更多地依赖于生物科技带来的机体杀伤、认知控制和心理震慑等来生成。

生物科技恢复人员战斗力，主要体现在对军人的伤病预防、诊断与治疗过程上。它打破传统医学以人体宏观器质为基本修复单元的治疗思路，从基因、蛋白质、细胞等人体微观结构来探寻疾病治愈的新思路，目的是维护军人健康，保障战斗力正常发挥。

从1982年第一个新生物技术药物基因重组人胰岛素出现以来，生物科技就进入军事领域，并广泛应用于恢复和维持人员战斗力。比如，美国国防部高级研究计划局资助美国“细胞治疗”公司，进行受损肌肉组织再生研究，其长远目标是找到能够促进骨骼、肌肉、神经和软组织等伤口愈合的人体自然再生能力，开发出战伤救治的新方法。

生物科技维持战斗力，是指保持部队在各种艰苦环境下的持续作战能力，如严寒、高原、疲劳、脱水甚至进入生化污染区的作战能力，加强在各种应激条件下的抵抗力。军人可能面临的应激源，通常分为三类：一是代谢性应激源，如脱水、睡眠剥夺、疲劳和疼痛等；二是生理性应激源，如损伤、创伤等；三是心理性应激源，如情绪创伤等。

军事生物科技的运用，能够尽量克服人体生理、心理极限带来的机能降低和遇强刺激导致的免疫力低下等问题。目前，着眼保持提升在极端环境和睡眠剥夺情况下军人的作业能力，在抗疲劳、增进体力、增强记忆、促兴奋等方面，研究力度很大，并取得不少新成果。例如，新型生物制剂(莫达非尼和盐酸舍曲林)，经常用于需要执行长期飞行任务的空军飞行员，以及不得不反复连续战斗的部队，以降低持续应激的影响和抑郁风险。作用于新型靶标的未来神经药物，包括可以控制神经元的烟碱乙酰胆碱受体调节剂，将用于改善注意力缺陷和执行功能。

生物科技提升人员战斗力，主要指在战斗人员正常作业状态下，对其体能与认知的一种促进和提升，使战斗人员能以优于正常水平的生理和心理条件完成军事作业。生物科技提升战斗力的功效，除了增强人自身的生理及应激免疫外，还体现在利用特殊技术原理，生产出具有生物体自我恢复、记忆、判断、更新功能的现代生物技术产品，使之运用于军事装备、指挥信息系统等，以辅助增强战场监测、控制、决策和指挥功能。

例如，美国国防部高级研究计划局的“认知增强项目”，其研究目标就是评估士兵的超负荷应激状态，改善士兵在此类状态下的认知行为能力。目前，神经科学研究已揭示出人们在合作或由敌对关系转向友好关系时的个体大脑变化机理，这项研究成果，有助于情报分析家对潜在敌对双方的心理反应进行预测。

未来，通过使用蛋白质工程技术和基因工程技术，将使生物科技在材料、效率和系统等方面取得更大进步，并更多用于提高部队战斗力和解决后勤问题，尤其是提升部队复杂条件下遂行任务的能力，对军事领域可能带来巨大影响。

生物科技毁敌战斗力生成，是其运用于军事领域的最大潜能所在，也是突破现有作战目标泛化、作战高耗低效、武器系统庞大、非致命性武器有限等瓶颈的重要出路与选择。生物科技既能够通过改变生物体微观结构，实现生物体功能的自我恢复和提高，也能够通过改变生物体微观结构使生命功能受到损伤，从而突破传统军事杀伤机理和瓶颈，达到毁敌战斗力生成的目的。

军事生物科技可以直接进入攻防层面，并形成现实的战斗力。其主要机理就是通过制造非致命功能损伤，如在心理影响层面，通过生物科技手段，使人生理功能紊乱，产生烦躁、头痛、记忆力减退、神经错乱及心脏功能衰竭等，使人部分或完全丧失战斗力。

比如，2008 年 7 月，美国首次承认研制的“美杜莎”，就是一款利用声波技术达成心理性杀伤的武器，它通过利用高频信号直接作用于大脑，使其莫名恐惧或出现幻听，甚至产生中风现象；强大的声波还会伴随大量热量，引起身体无法承受的痛感。在基因影响层面，2010 年，由中、美、英三国科研机构联合发起的大型国际科研合作项目“千人基因组计划”，获得迄今最详尽的人类基因多态性图谱，并探索出研究基因多态性的新技术手段。这是生物技术领域的重大突破性成果，如果被某些国家和组织恶意利用，也可以用来研制针对特定种族的人种基因武器。2011 年《自然》杂志网站报道，英国已开发出一种新技术，可绘制出大脑神经网络“布线图”，从而为弄清人类大脑的认知、感觉及思维过程与机理提供帮助。这一技术的发展与应用，将有望形成脑活动生物分析的新能力，开启“脑战争”时代。

需要说明的是，新型生物武器与传统生物武器有着本质区别。新型生物武器具备的超微性、精确性、非致死性与可逆性(可恢复性)特征，可使未来战争趋向于“慈化”征服的方向发展，并最终向推动战斗力生成的模式转变，促使战争形态呈现出新的面貌。

二、军事生物科技催生新的作战思想

著名未来学家阿尔文·托夫勒在《未来的战争》一书中写道：“人们生产的方式，就是军队作战的方式。每一次军事技术变革，总会强制性地给战争样式、作战方式、武器装备、编制体制带来全新的变化。”军事生物科技的发展及其运用，必将催生出全新的作战思想。

微观攻击思想是不再从军队成员的整体结构研究毁伤效能，而是从个体微观结构与功能层面考虑攻防作用，减少对人员的滥杀行为。传统的攻防对抗，是在肉眼能够看得见的宏观区域上展开，利用炸弹、导弹等火器攻击命中目标，通过掩体、隧道等工事进行相应防御。而军事生物科技将攻防领域由宏观拓展至微观，依靠对生命结构功能的调控实现攻击，在攻防轨迹、制导、毁伤等环节呈现出全新模式。攻击轨迹将出现“武器—改变超微结构—丧失特定生理功能”这样一个简化链条，颠覆热兵器以来的弹道致伤模式。常规的电子制导将为生物制导所替代，生物制导将把目标定位在细胞或者亚细胞结构水平上，利用目标靶点易感的生物因子进行目标追踪。损伤效果将不再产生明显的弹道伤，不再以机械力量损毁人体组织器官，而是通过定向破坏微观分子结构，达到破坏生理功能的目的。防御也相应地由物理性的宏观防御向技术性的微观防御转变。

“有度”征服思想，是不再把从肉体上消灭敌人作为唯一选项，而是根据自身技术优势，在确保制胜的前提下，最大限度使敌方丧失抵抗能力。在达成作战目的后，还可视情况采取可恢复性行动，提供救治康复信息，以减少民族仇恨和社会矛盾。这种思想体现出许多全新特点：一是在目标选取上，能够精确到基因调控的功能性状单元，形成超微领域的精确有限致伤。二是在损伤程度上，能够较少破坏人的劳动成果和自然环境，更多是压制和疲惫目标，使目标暂时损伤或失去战斗力，实现非致死性杀伤。只是在杀伤规模上，能够有效控制而不造成泛杀伤，避免现有武器尤其是核生化武器的泛杀伤破坏效应。四是在杀伤效能上，能够不造成绝对性杀伤，而是通过有针对性攻击特定生物性状，减少对人员生活能力的永久性损坏，甚至在达成作战目的后，向对方提供“解药”或康复信息，体现可逆性致伤效能。

技术压制思想，是指不再一味强调军事力量的规模，而是更加注重生物领域关键性技术的领先和压制，通过技术运用大幅提高作战的效费比。生物技术与信息技术都强调技术压制，但生物技术的发展和运用又可以提高信息技术的效能。拥有生物技术优势的一方，将会大大提升信息化战争的整体作战优势。

运用军事生物科技提高信息效能，主要表现在以下五点。一是使作战人员的能力得到增强。军事生物科技能够精确分析出受训人员的生理、心理特点，根据体能和心智差异因人施训。二是使信息来源的手段得到拓宽。军事生物科技可以通过各种仿视觉、仿听觉、仿嗅觉等生物传感设备，进行战场感知和探测，拓宽信息获取的手段。三是使武器装备性能得到提升。军事生物科技不仅能够提升传统材料性能，而且推动武器装备朝着一体化、精确化、智能化方向发展。四是使指挥平台功效得到提高。用生物计算机、生物传感器或仿生探测器搭建的未来作战指挥系统、作战平台，能够突破电子技术的物理局限，具有信息传输快、保密性好、生存率高、失真率低、抗干扰能力强等优势。五是使信息分析更加全面准确。军事生物科技能够对作战双方人员的生理、心理状态进行客观评估，将其作为一个重要方面纳入决策指挥体系，提高决策信息的全面性和科学性。

三、军事生物科技拓展国家安全新疆域

随着现代生物技术的发展，国家安全疆域将由传统的陆、海、空、天、电、网等领域，进一步向生物领域拓展。这意味着国家安全既有“高、远、深”的宏边疆，又有生物领域的微边疆。生物空间成为国家安全的新

疆域。

生物领域对抗，主要指国家和组织为了特定目标，运用生物技术攻击、破坏生物体微观结构，进而有意识地形成人体功能毁伤的一种对抗活动。生物技术在军事领域的应用，使军事对抗从传统的地缘边疆拓展到“生物微边疆”。比如，生物武器使用、生物恐怖袭击、大规模疫情感染、特定种族基因攻击，以及对生态环境、食品和工业产品等有目的的基因改造，利用人群迁徙、气候变迁、自然灾害等环境因素进行生物技术攻击，不仅可对特定目标和人群带来生物损伤，而且还可带来大规模扩散性影响和威慑效应。由于这些攻击主要通过生物微观领域进行，传统的地缘边疆已远远不能对其进行有效防护，必须在生物微观领域构建和形成生物技术防御与生物结构保护的新边疆。

“生物微边疆”也称“生物疆域”，是指一个国家为保护生命资源以及与之相关的权益空间，应该具备的生物安全保护和生物威胁防御实力的范围。狭义上，主要是指具有国家和民族特征性的基因、蛋白质、细胞等微观结构领域。生物领域对抗，实质上是对生物微边疆的争夺。而生物微边疆的安全界限，又具有多重属性和复杂内涵：既具有地理疆界属性，又具有生理特征属性；既具有技术空间利益界限，又具有生存空间利益界限；既具有敌方攻击可能，又具有己方失误造成破坏可能；既具有军事保卫价值，又具有知识与市场保护价值。

信息对抗将向生物信息拓展，信息安全环境更趋复杂。生物科技应用于未来军事领域，将推动信息需求从以往的情报信息、电子信息等宏观信息领域，向军人的生命微观信息领域拓展延伸。参战人员的基因特征以及大脑思维状况等生理微观信息，将是重要的军事信息资源，并成为实施战场指挥决策的重要依据。特别是生物微观信息蕴含重要的军事价值和广泛的社会影响，生物信息资源作为核心军事利益，从而使对生物微观领域信息争夺更加激烈，控制与反控制手段层出不穷。一方面，作战双方人员的生物微观信息将成为作战评估的重要依据之一，使得军事信息范畴大大拓宽；另一方面，生物技术手段能够增强信息感知、传输与处理功能，也能对传统信息形成干扰与破坏，生物技术手段的参与会提高信息对抗的复杂程度。同时，生物科技能够大大提高现有信息系统的功能，可借助生物仿真、模拟或根据人脑微观信息工作原理，实现快速有效识别、筛选海量信息以及高智能化信息处理，未来军事信息对抗将在更高领域、更深层次上展开。

传统生物疆域仍是军事安全的重要领域。传统生物疆域主要指基因技术出现以前，以气溶胶和带菌媒介等方式释放生物战剂，通过呼吸道、消化道、皮肤和黏膜侵入人、牲畜体内，造成伤亡，或大规模毁伤农作物的攻防疆域。虽然新的生物科技发展迅猛，并用于生物对抗的趋势正在增加，但在很长时期内，对传统生物的暴力威胁仍需要足够重视。当今世界，霸权主义和强权政治依然十分嚣张，恐怖主义、分裂势力和其他非传统安全威胁愈演愈烈，不能够排除极少数国家和生物恐怖势力铤而走险，采取“一损俱损”的手段，不惜使用生物武器实现其战略目标。尽管这种做法被国际社会普遍反对和坚决抵制，但在实际操作中难以得到有效控制和监督。在目前国际公约不健全、强制力有限的情况下，小规模传统生物威胁仍时有发生，大规模威胁也难以排除。

第六节 智能：军事竞争新疆域

“一旦技术上的进步可以用于军事目的并且已经用于军事目的，它们便立刻几乎强制地，而且往往是违反指挥员的意志而引起作战方式上的改变甚至变革。”恩格斯的这一论断，深刻揭示出军事技术与武器装备发展对军事全局的影响。目前，人工智能技术等高新科技在军事领域应用的不断深化，正引发武器装备体系、作战方式、编制体制等诸多方面的一系列变化，战争面貌在这一进程中正在被重新塑造。

一、智能化武器成为不可或缺的战场力量

人工智能技术在军事领域的创新应用，首先对既有武器装备体系产生重要影响。一方面，它添加新的智能化武器；另一方面，它以智能化方

式，提升一些现有武器系统的技术战术性能，军事体系的整体效能因此得以提升。而随着各种智能化武器装备的不断改进，以及战场优势的凸显，军事行动对智能化武器的依赖性日益增强，而这仅仅只是开始。由于人工智能技术在诸多方面具有不可比拟的优势，已在军事领域的创新应用不会局限在特定范围，而是会从局部扩展到全领域，成为未来战争主角。其优势主要体现在以下五个方面。

(一)技术战术性能卓越

由于无须人员直接操作，智能无人系统的设计只需考虑制造材料、各类机械电子设备的承受极限和性能特点，传统的技术战术性能因此得到革命性提升。目前，无人作战飞机过载可达20G(G表示飞机或导弹的过载)，大大超过过载为9G左右的传统作战飞机，可以完成许多后者根本无法做到的动作，如1秒钟内三个360度翻滚等，机动性和灵活性因此大大提高。美国斯坦福研究院研发的爬墙机器人，能在与地面垂直的墙面上爬行，包括潮湿和非常光滑的玻璃墙面，而且还能运送重达35千克的重物。

挪威普罗克斯动力公司研制的“黑蜂”微型无人机，仅长10厘米，重16克(含电池)，可通过窗户、通气孔、缝隙等飞入建筑物内执行侦察监视任务。英军2012年首次将“黑蜂”部署到阿富汗战场，取得良好效果。随后，英军又购买了160架该型无人机。这些新型作战能力在以往是不可想象的。同时，计算机运算能力的提高，人工智能技术的发展应用，使无人作战系统、作战辅助决策系统等分析、判断、处理能力日益增强，并在情报分析、战斗反应等方面开始超过并替代人类。

(二)持续工作时间超长

有人作战系统工作时间一般是数小时，最多也就十几个小时，这对持续作战造成严重制约。而无人作战系统由于无须人员直接操作，其正常运转时间主要取决于燃料携带与再补充能力，连续工作时间因此大大延长。目前，美国“全球鹰”无人机工作时间已超过30个小时。如果空中加油，X-47B可以连续飞行50—100小时，是同等条件下有人驾驶战斗机的5—10倍。波音公司为美军设计的“鬼眼”氢动力无人机，其设计目标是连续飞行10天。英国国防研究机构凯奈蒂克公司研制的“西风”太阳能无人机，

2010 年 7 月测试中更是创造连续飞行 14 天 24 分钟的纪录。持续长时间工作，为提高武器系统的监视、侦察和打击能力提供了前所未有的条件，创造出不同以往的新交战方式。

(三)执行命令不打折扣

面对强大敌人和各种严酷环境，智能化无人作战系统都不会畏惧，不会退缩，不会临阵脱逃，不会擅自行动。它们将始终按照既定指令，勇敢、坚定、无情地行动。任何经过最严格训练的军事力量，都很难做到这一点。

(四)训练周期大幅缩短

与传统武器系统操控训练周期一般长达数年不同，无实际飞行经历的无人系统操控员仅需不到一年训练，就可以远程操控“捕食者”“死神”等无人机参加实战。并且，这一训练时长随着无人系统智能化程度的提高在不断减少。一些小型无人系统操控训练的时间，已缩短至几天甚至几小时。

2014 年 4 月，美国海军研究实验室测试一款运用声呐软件包的先进无人直升机，只需经过几分钟训练，没有任何飞行经验的操作员就可利用平板电脑向其发出着陆指令。训练周期大幅缩短，意味着战斗力形成周期大幅缩短，这将使得使用智能化作战系统一方拥有在短时间内打造一支强大军队的优势。

(五)综合成本低

由于没有直接操作人员，无人作战系统设计可减省所有用于确保人员安全、有效操作以及生活生存保障的设备，缩小武器系统尺寸，其建造成本有较大下降。目前，美国发展的以 X-47B 为原型机的无人驾驶空中作战系统，能提供 F-35 战机的大部分重要功能，但价格还不到后者的一半。同时，无人作战系统对作战人员的替代和减省，将减少军人薪饷、医疗、住房、安置、抚恤等多种开支，节约的数额将随着高智能化武器的大量应用而日益可观。训练周期的大幅缩短，以及无人作战系统训练模拟器的应用，也有效降低了训练成本。综合成本的大幅降低，有利于加大研发投入以及加速先进武器系统更新，进而扩大与使用传统武器装备军队之间的优势，甚至形成绝对优势。

这些优势的汇聚，使智能化武器装备拥有挑战传统武器装备的巨大潜力。在未来，新旧更替将随着人工智能技术的突破创新而不断加速，智能作战系统将不可避免地成为战争的主导性力量，并推动智能化革命迈向更高阶段。

二、智能化作战方式与理论探索不断深化

智能化无人系统运用的增多，及其地位作用的不断上升，不可避免地会冲击到传统作战方式。

首先，对侦察发现目标构成挑战。智能化无人系统大都使用复合材料制造，其中许多还采用小型化甚至微型化设计，并应用隐身技术，再加上智能无人系统多采用隐蔽接敌方式，比如空中无人系统以超低空甚至贴地面飞行方式接近，无人地面系统以爬墙、穿越管道、缝隙等方式接近，无人水下航行器以潜航方式接近等，这些因素使得传统雷达、声呐等侦察探测手段，很难及时发现来袭的智能化武器。一些小微型系统，如十几厘米大的微型无人机，在雷达散射截面上极小，很难将它们与鸟类区别开来。在此情况下，进行传统的侦察发现活动日益困难，在未来将越来越难以满足作战需要。

其次，对武器对抗方式构成挑战。现有武器装备主要是为相互间的常规军事对抗而设计，不适于应对许多新型智能化无人系统，特别是缺乏应对小微型无人系统的有效手段。甚至可能是“大炮打蚊子”，消耗大而效果差。

再次，对军事行动方式构成挑战。智能化无人系统的大量运用，将使传统军事行动方式日渐失效。以潜艇行动为例，以往反潜战主要由少数高性能舰船和反潜侦察机来进行。在茫茫大海中，侦察力量不足与侦测面积太大之间的矛盾一直比较突出。而随着智能化空中、水面以及水下无人系统的应用，潜艇会越来越处于一个立体部署、几乎覆盖全部海域且持续不间断侦察监视的廉价无人机、无人舰、无人潜艇的包围中，无处无时不在的传感器将使潜艇难以像此前那样遁身隐藏，潜艇行动因此受到根本性制约，其战略战术威慑效应将大打折扣。其他许多传统军事行动方式也将会

面临类似挑战，传统的作战方式日益不合时宜。

智能化无人系统的发展应用，为军事行动提供超越人体限制的机器自主行动能力，长期持续行动或待机行动能力，以及大量使用廉价无人系统的可能等。在这些因素推动下，美国等国家已着手研究探索各种智能化无人系统的运用方式，新的作战方式正逐步形成。

智能化武器系统对抗成为军事斗争的基本形式。在人工智能技术军事应用的初期，受技术本身不成熟、不完善等因素制约，智能化武器装备的作用有限。在大多数时候，智能化武器装备只能执行各类作战保障任务，无法与传统武器装备对抗，甚至在后者面前不堪一击。然而，随着技术的不断突破和创新完善，智能化武器的优势使传统武器装备日益相形见绌，包括在机动性、反应速度、持续战斗时间以及指挥决策等各个方面，并最终形成武器代差。受人体生理与精神条件制约的传统武器装备将越来越无法与前者相匹敌，敌对双方智能化武器装备之间的对抗，将成为未来战争对抗的基本形式。

对此，美国国防部副部长罗伯特·沃克2014年发表的《20YY年：为机器人时代的战争做好准备》(20*YY*：*Preparing for War in the Robotic Age*)的报告中指出："机器人战争的时代很快要到来，美军现在就应该为这个不太遥远的未来——机器人时代的战争——做好准备。"在可预见的未来，智能化的军事机器人，无论是空中、地面还是海上机器人之间的激烈搏杀，将不再是科幻描述。在这个过程中，传统武器装备将日益失去战场主导地位。

"蜂群"战术可能成为基本的作战行动样式。由于突破人体限制，智能化武器装备具备前所未有的行动能力。其中，运用大量小型廉价智能化无人系统，以"蜂群"方式实施侦察监视、突防、攻击等行动，越来越具有现实可能性和发展前景。实施"蜂群"战术，通过隐蔽、突然、难以侦测和对抗的智能化无人武器群，对对方传统武器系统，包括雷达、防空火力、各种作战与保障平台等构成致命威胁，对手运用传统作战方式将无法有效应对挑战，将对传统作战方式带来颠覆。目前，美国海、空军已在大力开发这一作战方式。根据构想，为突破中国等国家的"反介入/区域拒止"能力，美军计划在南海从空中、水面和水下，投入以无人机为主的“机器人蜂群”，实施立体打击。

行动时，搭载各类智能化无人航空器的空中航母、水面航母和水下航母，以隐蔽方式接敌，在距敌一定距离时发射大量无人航空器，以类似“蜂群”的方式侦测、攻击敌方目标，令对手猝不及防。该战术已在美国学术界和军方达成共识，研发工作正在加紧进行。2013 年，美国海军从潜艇上成功发射 XFC 无人机。2015 年，美国海军对低成本无人机群集技术的发射与群集能力进行成功测试。2016 年，美国约翰斯·霍普金斯大学成功研制出可潜水无人机——“耐腐蚀空中隐蔽无人航海系统”，该机无须借助其他装置即可在深水中蛰伏达两个月，一旦得到指令，即可直接发射升空。2016 年 1 月，美国海军宣布计划在 2020 年前，实现能搭载小型无人系统的大排水量无人水下潜航器部署。“蜂群”战术正在加速走向实战。

三、智能化战争编制体制逐步发展形成

智能化武器装备优势和价值的显现，人工智能技术的改进和完善，促使军事领域的各个方面日益智能化，军队组织结构正在发生重要变化。

首先，智能化作战队伍日益扩大。随着智能化武器装备使用范围和程度不断扩大，操作智能化无人系统，以及从事智能化相关工作的军事人员迅速增加。以美国空军为例，2013 年美国空军最大的无人机训练基地——霍洛曼空军基地，为美军培养了 678 名无人机飞行员和辅助人员，是 2009 年 136 人的近 5 倍。2013 年，美国空军拥有的无人机操作员已达到 1300 多名，约占其所有飞行员的 8%，这一数字仍在不断增加。对于拥有超过 6000 架无人机(其中 85%以上是“大鸦”“美洲狮”等小微型无人机)的美国陆军而言，所涉及的操作人员和辅助人员数量则更为庞大。

其次，智能相关专业逐步确立。最初，智能化无人系统由于性能、作用有限，在军事技术体系中一般不作为单独专业。而随着技术进步和使用范围的扩大，智能化作战力量逐步成为一支专业化作战力量，军事技术体系已不得不将智能相关专业独立出来，并上升为大的专业门类。

再次，军队编制体制正受到智能化的冲击和影响。2007 年，美国空军

将原来分散编成的多个“捕食者”“死神”无人机中队整合组建为第432无人机联队。这是全球第一支成建制的无人机作战部队。美国陆军则为其每个战斗旅都配备一个MQ-1C无人机排，以及35个小微型无人机系统。美国陆军还考虑在未来几年中将陆军旅战斗队的规模从4000人缩减至3000人，并以机器人和无人平台取代被减掉的士兵。美国最先进的“福特级”航母，已具备允许大型无人机编队起飞的能力。一旦时机成熟，无人作战飞机编队将很快成为航母作战力量的重要组成部分。

其他一些大国也在加快军队智能化编制的步伐。俄罗斯于2014年成立14个无人机连。印度海军于2006年成立首个无人机中队——第342海军航空中队，并准备单独成立一个无人机操控团队。英国等国也都有类似的无人机分队在编。

各大国在编制体制方面的探索只是一个开始。作为改变未来战争面貌的颠覆性技术，人工智能对军事领域的影响是全方位的。随着人工智能技术的不断发展和成熟，必然要求建立一个能充分发挥智能化武器装备优势的新编制体制和组织结构。这是战争规律的客观反映，也是智能化战争形态全面形成的关键性指标。从发展趋势看，适应智能化武器装备发展应用需要，军队编制体制将在以下三个方面出现重大变革。

一是战斗人员与武器编配比例出现历史性逆转。智能化无人系统是拥有人工智能的武器系统。它不但具有武器系统的一切属性，而且具有很强的自主行动能力。这一独特性质意味着智能化无人系统的广泛应用，不仅会取代既有武器系统，而且会取代操作武器的战斗人员。目前，美国等国正在研发由1名飞行员同时操控多架无人机的技术。在未来，随着无人系统智能化程度的提高，1名战斗人员同时操控数个甚至数十个无人作战平台将很普遍。其直接后果是，一人一支枪，或几人共同操作一个武器系统的传统格局被打破，战斗人员比例大幅下降，而智能化无人系统的比例大幅上升。这是人类数千年战争发展史的一次大逆转。军队编制体制关注的重点，也将因此转移至各类智能武器的编组搭配上。

二是以智能化无人系统为主体的智能化部队出现。如何编配新型作战力量是历次军事革命的难题。二战初期，法国之所以仅维持42天即向德国宣布投降，一个重要原因就在于法国将其先进、庞大的装甲力量进行分散配置，而德国则将其装甲力量集中编配为军、师等集团化力量并实施“闪击”作战。目前，受限于作战能力等因素，智能化无人系统大都仍以分队形式编配于各军种，作为支援保障力量。随着智能无人作战系统的大量应用，分散编配与集中编配使用之间的矛盾将日益突出。俄军曾预测，2025年前后，无人化作战力量将成为未来战场上的主战力量。军队力量结构和体制编制必将向着充分发挥智能无人化作战系统能力的方向发展，以智能化无人系统为主体或核心的智能化部队最终将占据上风。

三是适应智能化武器优势发挥的制度机制日益形成。自2007年以来，美国空军一直面临无人机操作员短缺问题。尽管培训数量连年增加，但无人机操作员离开的概率是其他飞机飞行员的3倍，这导致无人机操作员只能达到其定员的80%左右，且这一数字仍在下降。出现这一问题的根本原因不仅是工作量多、压力大，更为关键的是无人机操作员得不到足够尊重，以及在空军中升迁前景不大，严重挫伤他们的士气。这一问题不只存在于空军，实际上是军队在智能化进程中会遇到的典型问题。其症结在于，既有的军事机制难以适用于新型作战力量的发展，不利于后者作用的充分发挥。这一问题会随着军事智能化的不断深入而愈加尖锐。目前，美军已开始重视并逐步调整其政策。2010年美国空军出台新政策，空军专业代码分别为1U和18X的注册传感器操控员和无人驾驶飞机操控员，可与执行类似任务的飞行员享受相同的奖励待遇。2013年2月，美国国防部为无人机操控员专门创设“杰出战争勋章”。这是没有真正上战场的军人可以获得的唯一的战斗勋章。在未来，智能化力量地位的巩固及影响力的不断扩大，将迫使军队打破既有机制，并围绕智能化武器优势，建构出一套新的军事制度。

参考文献

[1]国务院新闻办公室．新时代的中国国防[M]．北京：人民出版社，2019.

[2]刘明福．解放军为什么能赢：常胜之师战略技术全解密[M]．北京：人民武警出版社，2012.

[3]徐焰．解放军为什么能赢：写给新一代人看的军史[M]．广州：广东经济出版社，2012.

[4]军事科学院军事历史研究部．简明中国人民解放军战史[M]．北京：军事科学出版社，1992.

[5]朱增泉．战争史笔记(修订版)[M]．北京：人民文学出版社，2009.

[6]王正兴．这才是战争[M]．武汉：武汉大学出版社，2013.

[7]朱文泉．岛屿战争论(全三卷)[M]．北京：军事科学出版社，2014.

[8]乔良，王湘穗．超限战与反超限战[M]．武汉：长江文艺出版社，2016.

[9]李德·哈特．战略论：间接路线[M]．钮先钟，译．上海：上海人民出版社，2010.

[10]钮先钟．西方战略思想史[M]．桂林：广西师范大学出版社，2003.

[11]钮先钟．历史与战略：中西军事史新论[M]．桂林：广西师范大学出版社，2003.

[12][瑞士]约米尼．战争艺术[M]．钮先钟，译．桂林：广西师范大学出版社，2003.

[13]李际均．军事战略思维(增订版)[M]．北京：军事科学出版社，1998.

[14]肖天亮．战略论[M]．北京：国防大学出版社，2015.

[15][美]布热津斯基．大棋局：美国的首要地位及其地缘战略[M]．中国国际研究所，译．上海：上海人民出版社，2007.

[16][美]布热津斯基．战略远见：美国与全球权力危机[M]．洪漫，等，译．北京：新华出版社，2012.

[17]张文木．世界地缘政治中的中国国家安全利益分析[M]．北京：中国社会科学出版社，2012.

[18]王伟．看懂世界格局的第一本书：今天起不再怕看国际新闻[M]．海口：南方出版

社，2011.
[19]王伟．看懂世界格局的第一本书：蓝色战略[M]．北京：世界图书出版公司，2013.
[20]丁力．地缘大战略[M]．太原：山西人民出版社，2010.
[21]沈志华．沈志华冷战五书[M]．北京：九州出版社，2013.
[22][美]理查德·内德·勒博．国家为何而战：过去与未来的战争动机[M]．陈定定，等，译．上海：上海人民出版社，2014.
[23][美]保罗·肯尼迪．大国的兴衰[M]．陈景彪，等，译．北京：国际文化出版公司，2006.
[24][美]小约瑟夫·奈．理解国际冲突：理论与历史[M]．张晓明，译．上海：上海人民出版社，2005.
[25][美]戴尔·科普兰．大战的起源[M]．黄福武，译．北京：北京大学出版社，2008.
[26][美]戴维·监普顿．中国力量的三面：军力、财力和智力[M]．姚芸竹，译．北京：新华出版社，2009.
[27]金一南．苦难辉煌[M]．北京：华艺出版社，2009.
[28]金一南．金一南讲稿自选集[M]．北京：国防大学出版社，2014.
[29]徐焰．帷幄春秋[M]．北京：国防大学出版社，2007.
[30]徐焰．徐焰讲稿自选集[M]．北京：国防大学出版社，2014.
[31]孟祥青．孟祥青讲稿自选集[M]．北京：国防大学出版社，2014.
[32]解放军总政治部．联合作战战例解析[M]．北京：解放军出版社，2010.
[33]孙武．孙子兵法[M]．郭化若，译．上海：上海古籍出版社，2006.
[34]程国政．孙子兵法知识地图[M]．北京：当代中国出版社，2013.
[35]高广宇．可以量化的军事学[M]．北京：中国作家出版社，2019.
[36]华杉．华杉讲透孙子兵法[M]．南京：江苏凤凰文艺出版社，2015.
[37][德]克劳塞维茨．战争论(全三册)[M]．中国人民解放军军事科学院，译．北京：中国人民解放军出版社，2005.
[38][美]罗斯·特里尔．毛泽东传(名著珍藏版)[M]．何宇光，等，译．北京：中国人民大学出版社，2013.
[39]任志刚．为什么是毛泽东[M]．北京：光明日报出版社，2019.
[40][美]亨利·基辛格．论中国[M]．胡利平，等，译．北京：中信出版社，2012.

[41][美]约翰·米尔斯海默．大国政治的悲剧[M]. 王义桅，等，译．上海：上海人民出版社，2014.
[42]张仕波．战争新高地[M]. 北京：国防大学出版社，2017.
[43]胡晓峰．战争工程论走向信息时代的战争方法学(修订版)[M]. 北京：科学出版社，2017.
[44]柏杨．中国人史纲[M]. 北京：人民文学出版社，2011.
[45]刘亚洲．西部论[M]. 香港：天地图书有限公司，2010.
[46]曾问吾．中国经营西域史[M]. 上海：商务印书馆，1936.

附　录

中华人民共和国国防法(2021年修订版全文)

第一章　总　则

第一条　为了建设和巩固国防，保障改革开放和社会主义现代化建设的顺利进行，实现中华民族伟大复兴，根据宪法，制定本法。

第二条　国家为防备和抵抗侵略，制止武装颠覆和分裂，保卫国家主权、统一、领土完整、安全和发展利益所进行的军事活动，以及与军事有关的政治、经济、外交、科技、教育等方面的活动，适用本法。

第三条　国防是国家生存与发展的安全保障。

国家加强武装力量建设，加强边防、海防、空防和其他重大安全领域防卫建设，发展国防科研生产，普及全民国防教育，完善国防动员体系，实现国防现代化。

第四条　国防活动坚持以马克思列宁主义、毛泽东思想、邓小平理论、“三个代表”重要思想、科学发展观、习近平新时代中国特色社会主义思想为指导，贯彻习近平强军思想，坚持总体国家安全观，贯彻新时代军事战略方针，建设与我国国际地位相称、与国家安全和发展利益相适应的巩固国防和强大武装力量。

第五条　国家对国防活动实行统一的领导。

第六条　中华人民共和国奉行防御性国防政策，独立自主、自力更生地建设和巩固国防，实行积极防御，坚持全民国防。

国家坚持经济建设和国防建设协调、平衡、兼容发展，依法开展国防活动，加快国防和军队现代化，实现富国和强军相统一。

第七条　保卫祖国、抵抗侵略是中华人民共和国每一个公民的神圣职责。

中华人民共和国公民应当依法履行国防义务。

一切国家机关和武装力量、各政党和各人民团体、企业事业组织、社会组织和其他组织，都应当支持和依法参与国防建设，履行国防职责，完成国防任务。

第八条 国家和社会尊重、优待军人，保障军人的地位和合法权益，开展各种形式的拥军优属活动，让军人成为全社会尊崇的职业。

中国人民解放军和中国人民武装警察部队开展拥政爱民活动，巩固军政军民团结。

第九条 中华人民共和国积极推进国际军事交流与合作，维护世界和平，反对侵略扩张行为。

第十条 对在国防活动中作出贡献的组织和个人，依照有关法律、法规的规定给予表彰和奖励。

第十一条 任何组织和个人违反本法和有关法律，拒绝履行国防义务或者危害国防利益的，依法追究法律责任。

公职人员在国防活动中，滥用职权、玩忽职守、徇私舞弊的，依法追究法律责任。

第二章 国家机构的国防职权

第十二条 全国人民代表大会依照宪法规定，决定战争和和平的问题，并行使宪法规定的国防方面的其他职权。

全国人民代表大会常务委员会依照宪法规定，决定战争状态的宣布，决定全国总动员或者局部动员，并行使宪法规定的国防方面的其他职权。

第十三条 中华人民共和国主席根据全国人民代表大会的决定和全国人民代表大会常务委员会的决定，宣布战争状态，发布动员令，并行使宪法规定的国防方面的其他职权。

第十四条 国务院领导和管理国防建设事业，行使下列职权：

(一)编制国防建设的有关发展规划和计划；

(二)制定国防建设方面的有关政策和行政法规；

(三)领导和管理国防科研生产；

(四)管理国防经费和国防资产；

（五）领导和管理国民经济动员工作和人民防空、国防交通等方面的建设和组织实施工作；

（六）领导和管理拥军优属工作和退役军人保障工作；

（七）与中央军事委员会共同领导民兵的建设，征兵工作，边防、海防、空防和其他重大安全领域防卫的管理工作；

（八）法律规定的与国防建设事业有关的其他职权。

第十五条　中央军事委员会领导全国武装力量，行使下列职权：

（一）统一指挥全国武装力量；

（二）决定军事战略和武装力量的作战方针；

（三）领导和管理中国人民解放军、中国人民武装警察部队的建设，制定规划、计划并组织实施；

（四）向全国人民代表大会或者全国人民代表大会常务委员会提出议案；

（五）根据宪法和法律，制定军事法规，发布决定和命令；

（六）决定中国人民解放军、中国人民武装警察部队的体制和编制，规定中央军事委员会机关部门、战区、军兵种和中国人民武装警察部队等单位的任务和职责；

（七）依照法律、军事法规的规定，任免、培训、考核和奖惩武装力量成员；

（八）决定武装力量的武器装备体制，制定武器装备发展规划、计划，协同国务院领导和管理国防科研生产；

（九）会同国务院管理国防经费和国防资产；

（十）领导和管理人民武装动员、预备役工作；

（十一）组织开展国际军事交流与合作；

（十二）法律规定的其他职权。

第十六条　中央军事委员会实行主席负责制。

第十七条　国务院和中央军事委员会建立协调机制，解决国防事务的重大问题。

中央国家机关与中央军事委员会机关有关部门可以根据情况召开会

议，协调解决有关国防事务的问题。

第十八条　地方各级人民代表大会和县级以上地方各级人民代表大会常务委员会在本行政区域内，保证有关国防事务的法律、法规的遵守和执行。

地方各级人民政府依照法律规定的权限，管理本行政区域内的征兵、民兵、国民经济动员、人民防空、国防交通、国防设施保护，以及退役军人保障和拥军优属等工作。

第十九条　地方各级人民政府和驻地军事机关根据需要召开军地联席会议，协调解决本行政区域内有关国防事务的问题。

军地联席会议由地方人民政府的负责人和驻地军事机关的负责人共同召集。军地联席会议的参加人员由会议召集人确定。

军地联席会议议定的事项，由地方人民政府和驻地军事机关根据各自职责和任务分工办理，重大事项应当分别向上级报告。

第三章　武装力量

第二十条　中华人民共和国的武装力量属于人民。它的任务是巩固国防，抵抗侵略，保卫祖国，保卫人民的和平劳动，参加国家建设事业，全心全意为人民服务。

第二十一条　中华人民共和国的武装力量受中国共产党领导。武装力量中的中国共产党组织依照中国共产党章程进行活动。

第二十二条　中华人民共和国的武装力量，由中国人民解放军、中国人民武装警察部队、民兵组成。

中国人民解放军由现役部队和预备役部队组成，在新时代的使命任务是为巩固中国共产党领导和社会主义制度，为捍卫国家主权、统一、领土完整，为维护国家海外利益，为促进世界和平与发展，提供战略支撑。现役部队是国家的常备军，主要担负防卫作战任务，按照规定执行非战争军事行动任务。预备役部队按照规定进行军事训练、执行防卫作战任务和非战争军事行动任务；根据国家发布的动员令，由中央军事委员会下达命令转为现役部队。

中国人民武装警察部队担负执勤、处置突发社会安全事件、防范和处置恐怖活动、海上维权执法、抢险救援和防卫作战以及中央军事委员会赋予的其他任务。

民兵在军事机关的指挥下，担负战备勤务、执行非战争军事行动任务和防卫作战任务。

第二十三条 中华人民共和国的武装力量必须遵守宪法和法律。

第二十四条 中华人民共和国武装力量建设坚持走中国特色强军之路，坚持政治建军、改革强军、科技强军、人才强军、依法治军，加强军事训练，开展政治工作，提高保障水平，全面推进军事理论、军队组织形态、军事人员和武器装备现代化，构建中国特色现代作战体系，全面提高战斗力，努力实现党在新时代的强军目标。

第二十五条 中华人民共和国武装力量的规模应当与保卫国家主权、安全、发展利益的需要相适应。

第二十六条 中华人民共和国的兵役分为现役和预备役。军人和预备役人员的服役制度由法律规定。

中国人民解放军、中国人民武装警察部队依照法律规定实行衔级制度。

第二十七条 中国人民解放军、中国人民武装警察部队在规定岗位实行文职人员制度。

第二十八条 中国人民解放军军旗、军徽是中国人民解放军的象征和标志。中国人民武装警察部队旗、徽是中国人民武装警察部队的象征和标志。

公民和组织应当尊重中国人民解放军军旗、军徽和中国人民武装警察部队旗、徽。

中国人民解放军军旗、军徽和中国人民武装警察部队旗、徽的图案、样式以及使用管理办法由中央军事委员会规定。

第二十九条 国家禁止任何组织或者个人非法建立武装组织，禁止非法武装活动，禁止冒充军人或者武装力量组织。

第四章 边防、海防、空防和其他重大安全领域防卫

第三十条 中华人民共和国的领陆、领水、领空神圣不可侵犯。国家

建设强大稳固的现代边防、海防和空防，采取有效的防卫和管理措施，保卫领陆、领水、领空的安全，维护国家海洋权益。

国家采取必要的措施，维护在太空、电磁、网络空间等其他重大安全领域的活动、资产和其他利益的安全。

第三十一条　中央军事委员会统一领导边防、海防、空防和其他重大安全领域的防卫工作。

中央国家机关、地方各级人民政府和有关军事机关，按照规定的职权范围，分工负责边防、海防、空防和其他重大安全领域的管理和防卫工作，共同维护国家的安全和利益。

第三十二条　国家根据边防、海防、空防和其他重大安全领域防卫的需要，加强防卫力量建设，建设作战、指挥、通信、测控、导航、防护、交通、保障等国防设施。各级人民政府和军事机关应当依照法律、法规的规定，保障国防设施的建设，保护国防设施的安全。

第五章　国防科研生产和军事采购

第三十三条　国家建立和完善国防科技工业体系，发展国防科研生产，为武装力量提供性能先进、质量可靠、配套完善、便于操作和维修的武器装备以及其他适用的军用物资，满足国防需要。

第三十四条　国防科技工业实行军民结合、平战结合、军品优先、创新驱动、自主可控的方针。

国家统筹规划国防科技工业建设，坚持国家主导、分工协作、专业配套、开放融合，保持规模适度、布局合理的国防科研生产能力。

第三十五条　国家充分利用全社会优势资源，促进国防科学技术进步，加快技术自主研发，发挥高新技术在武器装备发展中的先导作用，增加技术储备，完善国防知识产权制度，促进国防科技成果转化，推进科技资源共享和协同创新，提高国防科研能力和武器装备技术水平。

第三十六条　国家创造有利的环境和条件，加强国防科学技术人才培养，鼓励和吸引优秀人才进入国防科研生产领域，激发人才创新活力。

国防科学技术工作者应当受到全社会的尊重。国家逐步提高国防科学技术工作者的待遇，保护其合法权益。

第三十七条　国家依法实行军事采购制度，保障武装力量所需武器装备和物资、工程、服务的采购供应。

第三十八条　国家对国防科研生产实行统一领导和计划调控；注重发挥市场机制作用，推进国防科研生产和军事采购活动公平竞争。

国家为承担国防科研生产任务和接受军事采购的组织和个人依法提供必要的保障条件和优惠政策。地方各级人民政府应当依法对承担国防科研生产任务和接受军事采购的组织和个人给予协助和支持。

承担国防科研生产任务和接受军事采购的组织和个人应当保守秘密，及时高效完成任务，保证质量，提供相应的服务保障。

国家对供应武装力量的武器装备和物资、工程、服务，依法实行质量责任追究制度。

第六章　国防经费和国防资产

第三十九条　国家保障国防事业的必要经费。国防经费的增长应当与国防需求和国民经济发展水平相适应。

国防经费依法实行预算管理。

第四十条　国家为武装力量建设、国防科研生产和其他国防建设直接投入的资金、划拨使用的土地等资源，以及由此形成的用于国防目的的武器装备和设备设施、物资器材、技术成果等属于国防资产。

国防资产属于国家所有。

第四十一条　国家根据国防建设和经济建设的需要，确定国防资产的规模、结构和布局，调整和处分国防资产。

国防资产的管理机构和占有、使用单位，应当依法管理国防资产，充分发挥国防资产的效能。

第四十二条　国家保护国防资产不受侵害，保障国防资产的安全、完整和有效。

禁止任何组织或者个人破坏、损害和侵占国防资产。未经国务院、中央军事委员会或者国务院、中央军事委员会授权的机构批准，国防资产的占有、使用单位不得改变国防资产用于国防的目的。国防资产中的技术成果，在坚持国防优先、确保安全的前提下，可以根据国家有关规定用于其他用途。

国防资产的管理机构或者占有、使用单位对不再用于国防目的的国防资产，应当按照规定报批，依法改作其他用途或者进行处置。

第七章 国防教育

第四十三条 国家通过开展国防教育，使全体公民增强国防观念、强化忧患意识、掌握国防知识、提高国防技能、发扬爱国主义精神，依法履行国防义务。

普及和加强国防教育是全社会的共同责任。

第四十四条 国防教育贯彻全民参与、长期坚持、讲求实效的方针，实行经常教育与集中教育相结合、普及教育与重点教育相结合、理论教育与行为教育相结合的原则。

第四十五条 国防教育主管部门应当加强国防教育的组织管理，其他有关部门应当按照规定的职责做好国防教育工作。

军事机关应当支持有关机关和组织开展国防教育工作，依法提供有关便利条件。

一切国家机关和武装力量、各政党和各人民团体、企业事业组织、社会组织和其他组织，都应当组织本地区、本部门、本单位开展国防教育。

学校的国防教育是全民国防教育的基础。各级各类学校应当设置适当的国防教育课程，或者在有关课程中增加国防教育的内容。普通高等学校和高中阶段学校应当按照规定组织学生军事训练。

公职人员应当积极参加国防教育，提升国防素养，发挥在全民国防教育中的模范带头作用。

第四十六条 各级人民政府应当将国防教育纳入国民经济和社会发展计划，保障国防教育所需的经费。

第八章 国防动员和战争状态

第四十七条 中华人民共和国的主权、统一、领土完整、安全和发展利益遭受威胁时，国家依照宪法和法律规定，进行全国总动员或者局部动员。

第四十八条 国家将国防动员准备纳入国家总体发展规划和计划，完善国防动员体制，增强国防动员潜力，提高国防动员能力。

第四十九条　国家建立战略物资储备制度。战略物资储备应当规模适度、储存安全、调用方便、定期更换，保障战时的需要。

第五十条　国家国防动员领导机构、中央国家机关、中央军事委员会机关有关部门按照职责分工，组织国防动员准备和实施工作。

一切国家机关和武装力量、各政党和各人民团体、企业事业组织、社会组织、其他组织和公民，都必须依照法律规定完成国防动员准备工作；在国家发布动员令后，必须完成规定的国防动员任务。

第五十一条　国家根据国防动员需要，可以依法征收、征用组织和个人的设备设施、交通工具、场所和其他财产。

县级以上人民政府对被征收、征用者因征收、征用所造成的直接经济损失，按照国家有关规定给予公平、合理的补偿。

第五十二条　国家依照宪法规定宣布战争状态，采取各种措施集中人力、物力和财力，领导全体公民保卫祖国、抵抗侵略。

第九章　公民、组织的国防义务和权利

第五十三条　依照法律服兵役和参加民兵组织是中华人民共和国公民的光荣义务。

各级兵役机关和基层人民武装机构应当依法办理兵役工作，按照国务院和中央军事委员会的命令完成征兵任务，保证兵员质量。有关国家机关、人民团体、企业事业组织、社会组织和其他组织，应当依法完成民兵和预备役工作，协助完成征兵任务。

第五十四条　企业事业组织和个人承担国防科研生产任务或者接受军事采购，应当按照要求提供符合质量标准的武器装备或者物资、工程、服务。

企业事业组织和个人应当按照国家规定在与国防密切相关的建设项目中贯彻国防要求，依法保障国防建设和军事行动的需要。车站、港口、机场、道路等交通设施的管理、运营单位应当为军人和军用车辆、船舶的通行提供优先服务，按照规定给予优待。

第五十五条　公民应当接受国防教育。

公民和组织应当保护国防设施，不得破坏、危害国防设施。

公民和组织应当遵守保密规定，不得泄露国防方面的国家秘密，不得非法持有国防方面的秘密文件、资料和其他秘密物品。

第五十六条　公民和组织应当支持国防建设，为武装力量的军事训练、战备勤务、防卫作战、非战争军事行动等活动提供便利条件或者其他协助。

国家鼓励和支持符合条件的公民和企业投资国防事业，保障投资者的合法权益并依法给予政策优惠。

第五十七条　公民和组织有对国防建设提出建议的权利，有对危害国防利益的行为进行制止或者检举的权利。

第五十八条　民兵、预备役人员和其他公民依法参加军事训练，担负战备勤务、防卫作战、非战争军事行动等任务时，应当履行自己的职责和义务；国家和社会保障其享有相应的待遇，按照有关规定对其实行抚恤优待。

公民和组织因国防建设和军事活动在经济上受到直接损失的，可以依照国家有关规定获得补偿。

第十章　军人的义务和权益

第五十九条　军人必须忠于祖国，忠于中国共产党，履行职责，英勇战斗，不怕牺牲，捍卫祖国的安全、荣誉和利益。

第六十条　军人必须模范地遵守宪法和法律，遵守军事法规，执行命令，严守纪律。

第六十一条　军人应当发扬人民军队的优良传统，热爱人民，保护人民，积极参加社会主义现代化建设，完成抢险救灾等任务。

第六十二条　军人应当受到全社会的尊崇。

国家建立军人功勋荣誉表彰制度。

国家采取有效措施保护军人的荣誉、人格尊严，依照法律规定对军人的婚姻实行特别保护。

军人依法履行职责的行为受法律保护。

第六十三条　国家和社会优待军人。

国家建立与军事职业相适应、与国民经济发展相协调的军人待遇保障制度。

第六十四条　国家建立退役军人保障制度，妥善安置退役军人，维护退役军人的合法权益。

第六十五条　国家和社会抚恤优待残疾军人，对残疾军人的生活和医疗依法给予特别保障。

因战、因公致残或者致病的残疾军人退出现役后，县级以上人民政府应当及时接收安置，并保障其生活不低于当地的平均生活水平。

第六十六条　国家和社会优待军人家属，抚恤优待烈士家属和因公牺牲、病故军人的家属。

第十一章　对外军事关系

第六十七条　中华人民共和国坚持互相尊重主权和领土完整、互不侵犯、互不干涉内政、平等互利、和平共处五项原则，维护以联合国为核心的国际体系和以国际法为基础的国际秩序，坚持共同、综合、合作、可持续的安全观，推动构建人类命运共同体，独立自主地处理对外军事关系，开展军事交流与合作。

第六十八条　中华人民共和国遵循以联合国宪章宗旨和原则为基础的国际关系基本准则，依照国家有关法律运用武装力量，保护海外中国公民、组织、机构和设施的安全，参加联合国维和、国际救援、海上护航、联演联训、打击恐怖主义等活动，履行国际安全义务，维护国家海外利益。

第六十九条　中华人民共和国支持国际社会实施的有利于维护世界和地区和平、安全、稳定的与军事有关的活动，支持国际社会为公正合理地解决国际争端以及国际军备控制、裁军和防扩散所做的努力，参与安全领域多边对话谈判，推动制定普遍接受、公正合理的国际规则。

第七十条　中华人民共和国在对外军事关系中遵守同外国、国际组织缔结或者参加的有关条约和协定。

第十二章　附　则

第七十一条　本法所称军人，是指在中国人民解放军服现役的军官、军士、义务兵等人员。

本法关于军人的规定，适用于人民武装警察。

第七十二条　中华人民共和国特别行政区的防务，由特别行政区基本法和有关法律规定。

第七十三条　本法自 2021 年 1 月 1 日起施行。

中华人民共和国兵役法(2021年修订版全文)

第一章　总　则

第一条　为了规范和加强国家兵役工作，保证公民依法服兵役，保障军队兵员补充和储备，建设巩固国防和强大军队，根据宪法，制定本法。

第二条　保卫祖国、抵抗侵略是中华人民共和国每一个公民的神圣职责。

第三条　中华人民共和国实行以志愿兵役为主体的志愿兵役与义务兵役相结合的兵役制度。

第四条　兵役工作坚持中国共产党的领导，贯彻习近平强军思想，贯彻新时代军事战略方针，坚持与国家经济社会发展相协调，坚持与国防和军队建设相适应，遵循服从国防需要、聚焦备战打仗、彰显服役光荣、体现权利和义务一致的原则。

第五条　中华人民共和国公民，不分民族、种族、职业、家庭出身、宗教信仰和教育程度，都有义务依照本法的规定服兵役。

有严重生理缺陷或者严重残疾不适合服兵役的公民，免服兵役。

依照法律被剥夺政治权利的公民，不得服兵役。

第六条　兵役分为现役和预备役。在中国人民解放军服现役的称军人；预编到现役部队或者编入预备役部队服预备役的，称预备役人员。

第七条　军人和预备役人员，必须遵守宪法和法律，履行公民的义务，同时享有公民的权利；由于服兵役而产生的权利和义务，由本法和其他相关法律法规规定。

第八条　军人必须遵守军队的条令和条例，忠于职守，随时为保卫祖国而战斗。

预备役人员必须按照规定参加军事训练、担负战备勤务、执行非战争军事行动任务，随时准备应召参战，保卫祖国。

军人和预备役人员入役时应当依法进行服役宣誓。

第九条 全国的兵役工作，在国务院、中央军事委员会领导下，由国防部负责。

省军区(卫戍区、警备区)、军分区(警备区)和县、自治县、不设区的市、市辖区的人民武装部，兼各该级人民政府的兵役机关，在上级军事机关和同级人民政府领导下，负责办理本行政区域的兵役工作。

机关、团体、企业事业组织和乡、民族乡、镇的人民政府，依照本法的规定完成兵役工作任务。兵役工作业务，在设有人民武装部的单位，由人民武装部办理；不设人民武装部的单位，确定一个部门办理。普通高等学校应当有负责兵役工作的机构。

第十条 县级以上地方人民政府兵役机关应当会同相关部门，加强对本行政区域内兵役工作的组织协调和监督检查。

县级以上地方人民政府和同级军事机关应当将兵役工作情况作为拥军优属、拥政爱民评比和有关单位及其负责人考核评价的内容。

第十一条 国家加强兵役工作信息化建设，采取有效措施实现有关部门之间信息共享，推进兵役信息收集、处理、传输、存储等技术的现代化，为提高兵役工作质量效益提供支持。

兵役工作有关部门及其工作人员应当对收集的个人信息严格保密，不得泄露或者向他人非法提供。

第十二条 国家采取措施，加强兵役宣传教育，增强公民依法服兵役意识，营造服役光荣的良好社会氛围。

第十三条 军人和预备役人员建立功勋的，按照国家和军队关于功勋荣誉表彰的规定予以褒奖。

组织和个人在兵役工作中作出突出贡献的，按照国家和军队有关规定予以表彰和奖励。

第二章 兵役登记

第十四条 国家实行兵役登记制度。兵役登记包括初次兵役登记和预备役登记。

第十五条 每年十二月三十一日以前年满十八周岁的男性公民，都应当按照兵役机关的安排在当年进行初次兵役登记。

机关、团体、企业事业组织和乡、民族乡、镇的人民政府，应当根据县、自治县、不设区的市、市辖区人民政府兵役机关的安排，负责组织本单位和本行政区域的适龄男性公民进行初次兵役登记。

初次兵役登记可以采取网络登记的方式进行，也可以到兵役登记站(点)现场登记。进行兵役登记，应当如实填写个人信息。

第十六条　经过初次兵役登记的未服现役的公民，符合预备役条件的，县、自治县、不设区的市、市辖区人民政府兵役机关可以根据需要，对其进行预备役登记。

第十七条　退出现役的士兵自退出现役之日起四十日内，退出现役的军官自确定安置地之日起三十日内，到安置地县、自治县、不设区的市、市辖区人民政府兵役机关进行兵役登记信息变更；其中，符合预备役条件，经部队确定需要办理预备役登记的，还应当办理预备役登记。

第十八条　县级以上地方人民政府兵役机关负责本行政区域兵役登记工作。

县、自治县、不设区的市、市辖区人民政府兵役机关每年组织兵役登记信息核验，会同有关部门对公民兵役登记情况进行查验，确保兵役登记及时，信息准确完整。

第三章　平时征集

第十九条　全国每年征集服现役的士兵的人数、次数、时间和要求，由国务院和中央军事委员会的命令规定。

县级以上地方各级人民政府组织兵役机关和有关部门组成征集工作机构，负责组织实施征集工作。

第二十条　年满十八周岁的男性公民，应当被征集服现役；当年未被征集的，在二十二周岁以前仍可以被征集服现役。普通高等学校毕业生的征集年龄可以放宽至二十四周岁，研究生的征集年龄可以放宽至二十六周岁。

根据军队需要，可以按照前款规定征集女性公民服现役。

根据军队需要和本人自愿，可以征集年满十七周岁未满十八周岁的公民服现役。

第二十一条　经初次兵役登记并初步审查符合征集条件的公民，称应征公民。

在征集期间，应征公民应当按照县、自治县、不设区的市、市辖区征集工作机构的通知，按时参加体格检查等征集活动。

应征公民符合服现役条件，并经县、自治县、不设区的市、市辖区征集工作机构批准的，被征集服现役。

第二十二条　在征集期间，应征公民被征集服现役，同时被机关、团体、企业事业组织招录或者聘用的，应当优先履行服兵役义务；有关机关、团体、企业事业组织应当服从国防和军队建设的需要，支持兵员征集工作。

第二十三条　应征公民是维持家庭生活唯一劳动力的，可以缓征。

第二十四条　应征公民因涉嫌犯罪正在被依法监察调查、侦查、起诉、审判或者被判处徒刑、拘役、管制正在服刑的，不征集。

第四章　士兵的现役和预备役

第二十五条　现役士兵包括义务兵役制士兵和志愿兵役制士兵，义务兵役制士兵称义务兵，志愿兵役制士兵称军士。

第二十六条　义务兵服现役的期限为二年。

第二十七条　义务兵服现役期满，根据军队需要和本人自愿，经批准可以选改为军士；服现役期间表现特别优秀的，经批准可以提前选改为军士。根据军队需要，可以直接从非军事部门具有专业技能的公民中招收军士。

军士实行分级服现役制度。军士服现役的期限一般不超过三十年，年龄不超过五十五周岁。

军士分级服现役的办法和直接从非军事部门招收军士的办法，按照国家和军队有关规定执行。

第二十八条　士兵服现役期满，应当退出现役。

士兵因国家建设或者军队编制调整需要退出现役的，经军队医院诊断证明本人健康状况不适合继续服现役的，或者因其他特殊原因需要退出现役的，经批准可以提前退出现役。

第二十九条　士兵服现役的时间自征集工作机构批准入伍之日起算。

士兵退出现役的时间为部队下达退出现役命令之日。

第三十条　依照本法第十七条规定经过预备役登记的退出现役的士兵，由部队会同兵役机关根据军队需要，遴选确定服士兵预备役；经过考核，适合担任预备役军官职务的，服军官预备役。

第三十一条　依照本法第十六条规定经过预备役登记的公民，符合士兵预备役条件的，由部队会同兵役机关根据军队需要，遴选确定服士兵预备役。

第三十二条　预备役士兵服预备役的最高年龄，依照其他有关法律规定执行。

预备役士兵达到服预备役最高年龄的，退出预备役。

第五章　军官的现役和预备役

第三十三条　现役军官从下列人员中选拔、招收：

(一)军队院校毕业学员；

(二)普通高等学校应届毕业生；

(三)表现优秀的现役士兵；

(四)军队需要的专业技术人员和其他人员。

战时根据需要，可以从现役士兵、军队院校学员、征召的预备役军官和其他人员中直接任命军官。

第三十四条　预备役军官包括下列人员：

(一)确定服军官预备役的退出现役的军官；

(二)确定服军官预备役的退出现役的士兵；

(三)确定服军官预备役的专业技术人员和其他人员。

第三十五条　军官服现役和服预备役的最高年龄，依照其他有关法律规定执行。

第三十六条　现役军官按照规定服现役已满最高年龄或者衔级最高年限的，退出现役；需要延长服现役或者暂缓退出现役的，依照有关法律规定执行。

现役军官按照规定服现役未满最高年龄或者衔级最高年限，因特殊情况需要退出现役的，经批准可以退出现役。

第三十七条　依照本法第十七条规定经过预备役登记的退出现役的军官、依照本法第十六条规定经过预备役登记的公民，符合军官预备役条件的，由部队会同兵役机关根据军队需要，遴选确定服军官预备役。

预备役军官按照规定服预备役已满最高年龄的，退出预备役。

第六章　军队院校从青年学生中招收的学员

第三十八条　根据军队建设的需要，军队院校可以从青年学生中招收学员。招收学员的年龄，不受征集服现役年龄的限制。

第三十九条　学员完成学业达到军队培养目标的，由院校发给毕业证书；按照规定任命为现役军官或者军士。

第四十条　学员未达到军队培养目标或者不符合军队培养要求的，由院校按照国家和军队有关规定发给相应证书，并采取多种方式分流；其中，回入学前户口所在地的学员，就读期间其父母已办理户口迁移手续的，可以回父母现户口所在地，由县、自治县、不设区的市、市辖区的人民政府按照国家有关规定接收安置。

第四十一条　学员被开除学籍的，回入学前户口所在地；就读期间其父母已办理户口迁移手续的，可以回父母现户口所在地，由县、自治县、不设区的市、市辖区的人民政府按照国家有关规定办理。

第四十二条　军队院校从现役士兵中招收的学员，适用本法第三十九条、第四十条、第四十一条的规定。

第七章　战时兵员动员

第四十三条　为了应对国家主权、统一、领土完整、安全和发展利益遭受的威胁，抵抗侵略，各级人民政府、各级军事机关，在平时必须做好战时兵员动员的准备工作。

第四十四条　在国家发布动员令或者国务院、中央军事委员会依照《中华人民共和国国防动员法》采取必要的国防动员措施后，各级人民政府、各级军事机关必须依法迅速实施动员，军人停止退出现役，休假、探亲的军人立即归队，预备役人员随时准备应召服现役，经过预备役登记的公民做好服预备役被征召的准备。

第四十五条　战时根据需要，国务院和中央军事委员会可以决定适当放宽征召男性公民服现役的年龄上限，可以决定延长公民服现役的期限。

第四十六条　战争结束后，需要复员的军人，根据国务院和中央军事委员会的复员命令，分期分批地退出现役，由各级人民政府妥善安置。

第八章　服役待遇和抚恤优待

第四十七条　国家保障军人享有符合军事职业特点、与其履行职责相适应的工资、津贴、住房、医疗、保险、休假、疗养等待遇。军人的待遇应当与国民经济发展相协调，与社会进步相适应。

女军人的合法权益受法律保护。军队应当根据女军人的特点，合理安排女军人的工作任务和休息休假，在生育、健康等方面为女军人提供特别保护。

第四十八条　预备役人员参战、参加军事训练、担负战备勤务、执行非战争军事行动任务，享受国家规定的伙食、交通等补助。预备役人员是机关、团体、企业事业组织工作人员的，参战、参加军事训练、担负战备勤务、执行非战争军事行动任务期间，所在单位应当保持其原有的工资、奖金和福利待遇。预备役人员的其他待遇保障依照有关法律法规和国家有关规定执行。

第四十九条　军人按照国家有关规定，在医疗、金融、交通、参观游览、法律服务、文化体育设施服务、邮政服务等方面享受优待政策。公民入伍时保留户籍。

军人因战、因公、因病致残的，按照国家规定评定残疾等级，发给残疾军人证，享受国家规定的待遇、优待和残疾抚恤金。因工作需要继续服现役的残疾军人，由所在部队按照规定发给残疾抚恤金。

军人牺牲、病故，国家按照规定发给其遗属抚恤金。

第五十条　国家建立义务兵家庭优待金制度。义务兵家庭优待金标准由地方人民政府制定，中央财政给予定额补助。具体补助办法由国务院退役军人工作主管部门、财政部门会同中央军事委员会机关有关部门制定。

义务兵和军士入伍前是机关、团体、事业单位或者国有企业工作人员的，退出现役后可以选择复职复工。

义务兵和军士入伍前依法取得的农村土地承包经营权，服现役期间应当保留。

第五十一条　现役军官和军士的子女教育，家属的随军、就业创业以及工作调动，享受国家和社会的优待。

符合条件的军人家属，其住房、医疗、养老按照有关规定享受优待。

军人配偶随军未就业期间，按照国家有关规定享受相应的保障待遇。

第五十二条　预备役人员因参战、参加军事训练、担负战备勤务、执行非战争军事行动任务致残、牺牲的，由当地人民政府依照有关规定给予抚恤优待。

第九章　退役军人的安置

第五十三条　对退出现役的义务兵，国家采取自主就业、安排工作、供养等方式妥善安置。

义务兵退出现役自主就业的，按照国家规定发给一次性退役金，由安置地的县级以上地方人民政府接收，根据当地的实际情况，可以发给经济补助。国家根据经济社会发展，适时调整退役金的标准。

服现役期间平时获得二等功以上荣誉或者战时获得三等功以上荣誉以及属于烈士子女的义务兵退出现役，由安置地的县级以上地方人民政府安排工作；待安排工作期间由当地人民政府按照国家有关规定发给生活补助费；根据本人自愿，也可以选择自主就业。

因战、因公、因病致残的义务兵退出现役，按照国家规定的评定残疾等级采取安排工作、供养等方式予以妥善安置；符合安排工作条件的，根据本人自愿，也可以选择自主就业。

第五十四条　对退出现役的军士，国家采取逐月领取退役金、自主就业、安排工作、退休、供养等方式妥善安置。

军士退出现役，服现役满规定年限的，采取逐月领取退役金方式予以妥善安置。

军士退出现役，服现役满十二年或者符合国家规定的其他条件的，由安置地的县级以上地方人民政府安排工作；待安排工作期间由当地人民政府按照国家有关规定发给生活补助费；根据本人自愿，也可以选择自主就业。

军士服现役满三十年或者年满五十五周岁或者符合国家规定的其他条件的，作退休安置。

因战、因公、因病致残的军士退出现役，按照国家规定的评定残疾等级采取安排工作、退休、供养等方式予以妥善安置；符合安排工作条件的，根据本人自愿，也可以选择自主就业。

军士退出现役，不符合本条第二款至第五款规定条件的，依照本法第五十三条规定的自主就业方式予以妥善安置。

第五十五条　对退出现役的军官，国家采取退休、转业、逐月领取退役金、复员等方式妥善安置；其安置方式的适用条件，依照有关法律法规的规定执行。

第五十六条　残疾军人、患慢性病的军人退出现役后，由安置地的县级以上地方人民政府按照国务院、中央军事委员会的有关规定负责接收安置；其中，患过慢性病旧病复发需要治疗的，由当地医疗机构负责给予治疗，所需医疗和生活费用，本人经济困难的，按照国家规定给予补助。

第十章　法律责任

第五十七条　有服兵役义务的公民有下列行为之一的，由县级人民政府责令限期改正；逾期不改正的，由县级人民政府强制其履行兵役义务，并处以罚款：

（一）拒绝、逃避兵役登记的；

（二）应征公民拒绝、逃避征集服现役的；

（三）预备役人员拒绝、逃避参加军事训练、担负战备勤务、执行非战争军事行动任务和征召的。

有前款第二项行为，拒不改正的，不得录用为公务员或者参照《中华人民共和国公务员法》管理的工作人员，不得招录、聘用为国有企业和事业单位工作人员，两年内不准出境或者升学复学，纳入履行国防义务严重失信主体名单实施联合惩戒。

第五十八条　军人以逃避服兵役为目的，拒绝履行职责或者逃离部队的，按照中央军事委员会的规定给予处分。

军人有前款行为被军队除名、开除军籍或者被依法追究刑事责任的，依照本法第五十七条第二款的规定处罚；其中，被军队除名的，并处以罚款。

明知是逃离部队的军人而招录、聘用的，由县级人民政府责令改正，并处以罚款。

第五十九条　机关、团体、企业事业组织拒绝完成本法规定的兵役工作任务的，阻挠公民履行兵役义务的，或者有其他妨害兵役工作行为的，由县级以上地方人民政府责令改正，并可以处以罚款；对单位负有责任的领导人员、直接负责的主管人员和其他直接责任人员，依法予以处罚。

第六十条　扰乱兵役工作秩序，或者阻碍兵役工作人员依法执行职务的，依照《中华人民共和国治安管理处罚法》的规定处罚。

第六十一条　国家工作人员和军人在兵役工作中，有下列行为之一的，依法给予处分：

（一）贪污贿赂的；

（二）滥用职权或者玩忽职守的；

（三）徇私舞弊，接送不合格兵员的；

（四）泄露或者向他人非法提供兵役个人信息的。

第六十二条　违反本法规定，构成犯罪的，依法追究刑事责任。

第六十三条　本法第五十七条、第五十八条、第五十九条规定的处罚，由县级以上地方人民政府兵役机关会同有关部门查明事实，经同级地方人民政府作出处罚决定后，由县级以上地方人民政府兵役机关、发展改革、公安、退役军人工作、卫生健康、教育、人力资源和社会保障等部门按照职责分工具体执行。

第十一章　附　则

第六十四条　本法适用于中国人民武装警察部队。

第六十五条　本法自2021年10月1日起施行。

中华人民共和国国防教育法
（2018年4月27日修正实施）

第一章　总　则

第一条　为了普及和加强国防教育，发扬爱国主义精神，促进国防建设和社会主义精神文明建设，根据国防法和教育法，制定本法。

第二条　国防教育是建设和巩固国防的基础，是增强民族凝聚力、提高全民素质的重要途径。

第三条　国家通过开展国防教育，使公民增强国防观念，掌握基本的国防知识，学习必要的军事技能，激发爱国热情，自觉履行国防义务。

第四条　国防教育贯彻全民参与、长期坚持、讲求实效的方针，实行经常教育与集中教育相结合、普及教育与重点教育相结合、理论教育与行为教育相结合的原则，针对不同对象确定相应的教育内容分类组织实施。

第五条　中华人民共和国公民都有接受国防教育的权利和义务。

普及和加强国防教育是全社会的共同责任。

一切国家机关和武装力量、各政党和各社会团体、各企业事业组织以及基层群众性自治组织，都应当根据各自的实际情况组织本地区、本部门、本单位开展国防教育。

第六条　国务院领导全国的国防教育工作。中央军事委员会协同国务院开展全民国防教育。

地方各级人民政府领导本行政区域内的国防教育工作。驻地军事机关协助和支持地方人民政府开展国防教育。

第七条　国家国防教育工作机构规划、组织、指导和协调全国的国防教育工作。

县级以上地方负责国防教育工作的机构组织、指导、协调和检查本行政区域内的国防教育工作。

第八条　教育、退役军人事务、文化宣传等部门，在各自职责范围内负责国防教育工作。

征兵、国防科研生产、国民经济动员、人民防空、国防交通、军事设施保护等工作的主管部门，依照本法和有关法律、法规的规定，负责国防教育工作。

工会、共产主义青年团、妇女联合会以及其他有关社会团体，协助人民政府开展国防教育。

第九条　中国人民解放军、中国人民武装警察部队按照中央军事委员会的有关规定开展国防教育。

第十条　国家支持、鼓励社会组织和个人开展有益于国防教育的活动。

第十一条　国家和社会对在国防教育工作中作出突出贡献的组织和个人，采取各种形式给予表彰和奖励。

第十二条　国家设立全民国防教育日。

第二章　学校国防教育

第十三条　学校的国防教育是全民国防教育的基础，是实施素质教育的重要内容。

教育行政部门应当将国防教育列入工作计划，加强对学校国防教育的组织、指导和监督，并对学校国防教育工作定期进行考核。

第十四条　小学和初级中学应当将国防教育的内容纳入有关课程，将课堂教学与课外活动相结合，对学生进行国防教育。

有条件的小学和初级中学可以组织学生开展以国防教育为主题的少年军校活动。教育行政部门、共产主义青年团组织和其他有关部门应当加强对少年军校活动的指导与管理。

小学和初级中学可以根据需要聘请校外辅导员，协助学校开展多种形式的国防教育活动。

第十五条　高等学校、高级中学和相当于高级中学的学校应当将课堂教学与军事训练相结合，对学生进行国防教育。

高等学校应当设置适当的国防教育课程，高级中学和相当于高级中学的学校应当在有关课程中安排专门的国防教育内容，并可以在学生中开展形式多样的国防教育活动。

高等学校、高级中学和相当于高级中学的学校学生的军事训练，由学校负责军事训练的机构或者军事教员按照国家有关规定组织实施。军事机关应当协助学校组织学生的军事训练。

第十六条　学校应当将国防教育列入学校的工作和教学计划，采取有效措施，保证国防教育的质量和效果。

学校组织军事训练活动，应当采取措施，加强安全保障。

第十七条　负责培训国家工作人员的各类教育机构，应当将国防教育纳入培训计划，设置适当的国防教育课程。

国家根据需要选送地方和部门的负责人到有关军事院校接受培训，学习和掌握履行领导职责所必需的国防知识。

第三章　社会国防教育

第十八条　国家机关应当根据各自的工作性质和特点，采取多种形式对工作人员进行国防教育。

国家机关工作人员应当具备基本的国防知识。从事国防建设事业的国家机关工作人员，必须学习和掌握履行职责所必需的国防知识。

各地区、各部门的领导人员应当依法履行组织、领导本地区、本部门开展国防教育的职责。

第十九条　企业事业组织应当将国防教育列入职工教育计划，结合政治教育、业务培训、文化体育等活动，对职工进行国防教育。

承担国防科研生产、国防设施建设、国防交通保障等任务的企业事业组织，应当根据所担负的任务，制定相应的国防教育计划，有针对性地对职工进行国防教育。

社会团体应当根据各自的活动特点开展国防教育。

第二十条　军区、省军区（卫戍区、警备区）、军分区（警备区）和县、自治县、市、市辖区的人民武装部按照国家和军队的有关规定，结合政治教育和组织整顿、军事训练、执行勤务、征兵工作以及重大节日、纪念日活动，对民兵、预备役人员进行国防教育。

民兵、预备役人员的国防教育，应当以基干民兵、第一类预备役人员和担任领导职务的民兵、预备役人员为重点，建立和完善制度，保证受教育的人员、教育时间和教育内容的落实。

第二十一条　城市居民委员会、农村村民委员会应当将国防教育纳入社区、农村社会主义精神文明建设的内容，结合征兵工作、拥军优属以及重大节日、纪念日活动，对居民、村民进行国防教育。

城市居民委员会、农村村民委员会可以聘请退役军人协助开展国防教育。

第二十二条　文化、新闻、出版、广播、电影、电视等部门和单位应当根据形势和任务的要求，采取多种形式开展国防教育。

中央和省、自治区、直辖市以及设区的市的广播电台、电视台、报刊应当开设国防教育节目或者栏目，普及国防知识。

第二十三条　烈士陵园、革命遗址和其他具有国防教育功能的博物馆、纪念馆、科技馆、文化馆、青少年宫等场所，应当为公民接受国防教育提供便利，对有组织的国防教育活动实行优惠或者免费；依照本法第二十八条的规定被命名为国防教育基地的，应当对有组织的中小学生免费开放；在全民国防教育日向社会免费开放。

第四章　国防教育的保障

第二十四条　各级人民政府应当将国防教育纳入国民经济和社会发展计划，并根据开展国防教育的需要，在财政预算中保障国防教育所需的经费。

第二十五条　国家机关、事业单位、社会团体开展国防教育所需的经费，在本单位预算经费内列支；企业开展国防教育所需经费，在本单位职工教育经费中列支。

学校组织学生军事训练所需的经费，按照国家有关规定执行。

第二十六条　国家鼓励社会组织和个人捐赠财产，资助国防教育的开展。

社会组织和个人资助国防教育的财产，由依法成立的国防教育基金组织或者其他公益性社会组织依法管理。

国家鼓励社会组织和个人提供或者捐赠所收藏的具有国防教育意义的

实物用于国防教育。使用单位对提供使用的实物应当妥善保管，使用完毕，及时归还。

第二十七条　国防教育经费和社会组织、个人资助国防教育的财产，必须用于国防教育事业，任何单位或者个人不得挪用、克扣。

第二十八条　本法第二十三条规定的场所，具备下列条件的，经省、自治区、直辖市人民政府批准，可以命名为国防教育基地：

（一）有明确的国防教育主题内容；

（二）有健全的管理机构和规章制度；

（三）有相应的国防教育设施；

（四）有必要的经费保障；

（五）有显著的社会教育效果。

国防教育基地应当加强建设，不断完善，充分发挥国防教育的功能。被命名的国防教育基地不再具备前款规定条件的，由原批准机关撤销命名。

第二十九条　各级人民政府应当加强对国防教育基地的规划、建设和管理，并为其发挥作用提供必要的保障。

各级人民政府应当加强对具有国防教育意义的文物的收集、整理、保护工作。

第三十条　全民国防教育使用统一的国防教育大纲。国防教育大纲由国家国防教育工作机构组织制定。

适用于不同地区、不同类别教育对象的国防教育教材，由有关部门或者地方依据国防教育大纲并结合本地区、本部门的特点组织编写。

第三十一条　各级国防教育工作机构应当组织、协调有关部门做好国防教育教员的选拔、培训和管理工作，加强国防教育师资队伍建设。

国防教育教员应当从热爱国防教育事业、具有基本的国防知识和必要的军事技能的人员中选拔。

第三十二条　中国人民解放军和中国人民武装警察部队应当根据需要和可能，为驻地有组织的国防教育活动选派军事教员，提供必要的军事训练场地、设施以及其他便利条件。

在国庆节、中国人民解放军建军节和全民国防教育日，经批准的军营可以向社会开放。军营开放的办法由中央军事委员会规定。

第五章　法律责任

第三十三条　国家机关、社会团体、企业事业组织以及其他社会组织违反本法规定，拒不开展国防教育活动的，由人民政府有关部门或者上级机关给予批评教育，并责令限期改正；拒不改正，造成恶劣影响的，对负有直接责任的主管人员依法给予行政处分。

第三十四条　违反本法规定，挪用、克扣国防教育经费的，由有关主管部门责令限期归还；对负有直接责任的主管人员和其他直接责任人员依法给予行政处分；构成犯罪的，依法追究刑事责任。

第三十五条　侵占、破坏国防教育基地设施、损毁展品的，由有关主管部门给予批评教育，并责令限期改正；有关责任人应当依法承担相应的民事责任。

有前款所列行为，违反治安管理规定的，由公安机关依法给予治安管理处罚；构成犯罪的，依法追究刑事责任。

第三十六条　寻衅滋事，扰乱国防教育工作和活动秩序的，或者盗用国防教育名义骗取钱财的，由有关主管部门给予批评教育，并予以制止；违反治安管理规定的，由公安机关依法给予治安管理处罚；构成犯罪的，依法追究刑事责任。

第三十七条　负责国防教育的国家工作人员玩忽职守、滥用职权、徇私舞弊的，依法给予行政处分；构成犯罪的，依法追究刑事责任。

第六章　附　则

第三十八条　本法自公布之日起施行。

《普通高等学校军事课教学大纲》(2019版)

依据《中华人民共和国国防法》《中华人民共和国兵役法》《中华人民共和国教育法》以及国务院、中央军委有关文件精神，结合我国高等教育发展、国防和军队建设发展的实际情况，制订《普通高等学校军事课教学大纲》(以下简称《大纲》)。

一、课程定位

军事课是普通高等学校学生的必修课程。军事课要以习近平强军思想和习近平总书记关于教育的重要论述为遵循，全面贯彻党的教育方针、新时代军事战略方针和总体国家安全观，围绕立德树人根本任务和强军目标根本要求，着眼培育和践行社会主义核心价值观，以提升学生国防意识和军事素养为重点，为实施军民融合发展战略和建设国防后备力量服务。

二、课程目标

普通高等学校通过军事课教学，让学生了解掌握军事基础知识和基本军事技能，增强国防观念、国家安全意识和忧患危机意识，弘扬爱国主义精神、传承红色基因、提高学生综合国防素质。

三、课程要求

军事课纳入普通高等学校人才培养体系，列入学校人才培养方案和教学计划，实行学分制管理，课程考核成绩记入学籍档案。

军事课由《军事理论》《军事技能》组成。《军事理论》教学时数36学时，记2学分；《军事技能》训练时间2—3周，实际训练时间不得少于14天112学时，记2学分。课程内容含“必讲(必训)”内容(以“*”标识)和“选讲(选训)”内容(其他未标识者)，各学校可根据本校实际情况在确保完成“必讲(必训)”内容的基础上，灵活选择“选讲(选训)”内容，但必须完成总学时。

普通高等学校要严格按纲施教、施训和考核，严禁以任何理由和方式调减、占用教学、训练内容和时数。

四、课程内容

(一)《军事理论》教学内容、教学目标与教学时数

教学内容			教学目标	建议学时	备注
中国国防	*国防概述	国防内涵、国防类型、国防历史与启示、现代国防观	理解国防内涵和国防历史，树立正确的国防观；了解我国国防体制、国防战略、国防政策以及国防成就，激发学生的爱国热情；熟悉国防法规、武装力量、国防动员的主要内容，增强学生国防意识	10	
	*国防法规	国防法规体系、公民的国防权利与义务			
	*国防建设	国防体制、国防战略、国防政策、国防成就、军民融合			
	*武装力量	中国武装力量性质、宗旨、使命及武装力量构成，人民军队的发展历程			
	*国防动员	国防动员内涵、国防动员主要内容及意义			
国家安全	国家安全概述	国家安全的内涵、原则、总体安全观	正确把握和认识国家安全的内涵，理解我国总体国家安全观，提升学生防间保密意识；深刻认识当前我国面临的安全形势。了解世界主要国家军事力量及战略动向，增强学生忧患意识	8	
	*国家安全形势	我国地缘环境基本概况、地缘安全、新形势下的国家安全、新兴领域的国家安全			
	*国际战略形势	国际战略形势现状与发展趋势、世界主要国家军事力量及战略动向			
军事思想	军事思想概述	军事思想的内涵、发展历程以及地位作用	了解军事思想的内涵和形成与发展历程，了解外国代表性军事思想，熟悉我国军事思想的主要内容、地位作用和现实意义，理解习近平强军思想的科学含义和主要内容，使学生树立科学的战争观和方法论	6	
	外国军事思想	外国军事思想的主要内容、特点以及代表性著作			
	*中国古代军事思想	中国古代军事思想的主要内容、特点以及代表性著作			
	*当代中国军事思想	毛泽东军事思想、邓小平新时期军队建设思想、江泽民国防和军队建设思想、胡锦涛国防和军队建设思想、习近平强军思想			

续表

<table>
<tr><th colspan="3">教学内容</th><th>教学目标</th><th>建议学时</th><th>备注</th></tr>
<tr><td rowspan="4">现代战争</td><td>战争概述</td><td>战争的内涵、特点、发展的历程</td><td rowspan="4">了解战争内涵、特点、发展历程，理解新军事革命的内涵和发展演变，掌握机械化战争、信息化战争的形成、主要形态、特征、代表性战例和发展趋势，使学生树立打赢信息化战争的信心</td><td rowspan="4">6</td><td rowspan="4"></td></tr>
<tr><td>*新军事革命</td><td>新军事革命的内涵、发展演变、主要内容</td></tr>
<tr><td>机械化战争</td><td>机械化战争的基本内涵、主要形态、特征和代表性战例</td></tr>
<tr><td>*信息化战争</td><td>信息化战争的基本内涵、主要形态、特征、代表性战例，战争形态发展趋势</td></tr>
<tr><td rowspan="4">信息化装备</td><td>信息化装备概述</td><td>信息化装备的内涵、分类、对现代作战的影响以及发展趋势</td><td rowspan="4">了解信息化装备的内涵、分类、发展及对现代作战的影响，熟悉世界主要国家信息化装备的发展情况，激发学生学习高科技的积极性，为国防科研奠定人才基础</td><td rowspan="4">6</td><td rowspan="4"></td></tr>
<tr><td>*信息化作战平台</td><td>各国主战飞机、坦克、军舰等信息武器装备发展趋势、战例应用</td></tr>
<tr><td>综合电子信息系统</td><td>指挥控制系统、预警系统、导航系统等装备电子信息系统发展趋势、战例应用</td></tr>
<tr><td>信息化杀伤武器</td><td>新概念、精确制导、核生化武器装备等武器装备发展趋势、战例应用</td></tr>
</table>

注：带*的为必讲课目，其余为选讲课目。

(二)《军事技能》训练内容、教学目标与教学时数

<table>
<tr><th colspan="3">训练内容</th><th>教学目标</th><th>建议学时</th><th>备注</th></tr>
<tr><td rowspan="3">共同条令教育与训练</td><td>*共同条令教育</td><td>《内务条令》《纪律条令》《队列条令》教育</td><td rowspan="3">了解中国人民解放军三大条令的主要内容，掌握队列动作的基本要领，养成良好的军事素养，增强组织纪律观念，培养学生令行禁止、团结奋进、顽强拼搏的过硬作风</td><td rowspan="3">40—56</td><td rowspan="3"></td></tr>
<tr><td>*分队的队列动作</td><td>集合、离散，整齐、报数，出列、入列，行进、停止，方向变换</td></tr>
<tr><td>现地教学</td><td>走进军营，学唱军营歌曲，走进爱国主义教育基地</td></tr>
<tr><td rowspan="2">射击与战术训练</td><td>*轻武器射击</td><td>轻武器性能、构造与保养，简易射击学理，武器操作、实弹射击</td><td rowspan="2">了解轻武器的战斗性能，掌握射击动作要领，进行体会射击；学会单兵战术基础动作，了解战斗班组攻防的基本动作和战术原则，培养学生良好的战斗素养</td><td rowspan="2">20—28</td><td rowspan="2">在训练条件不满足时，可采取模拟训练</td></tr>
<tr><td>*战术</td><td>单兵战术基础动作、分队战术</td></tr>
<tr><td rowspan="3">防卫技能与战时防护训练</td><td>*格斗基础</td><td>格斗常识、格斗基本功，捕俘拳等</td><td rowspan="3">了解格斗、防护的基本知识，熟悉卫生、救护基本要领，掌握战场自救互救的技能，提高学生安全防护能力</td><td rowspan="3">32—48</td><td rowspan="3"></td></tr>
<tr><td>*战场医疗救护</td><td>救护基本知识、个人卫生，意外伤的救护、心肺复苏，战场自救互救</td></tr>
<tr><td>*核生化防护</td><td>防护基本知识和技能，防护装备使用</td></tr>
<tr><td rowspan="6">战备基础与应用训练</td><td>*战备规定</td><td>战备规定主要内容、要求</td><td rowspan="6">了解战备规定、紧急集合、徒步行军、野外生存的基本要求、方法和注意事项，学会识图用图、电磁频谱监测的基本技能，培养学生分析判断和应急处置能力，全面提升综合军事素质</td><td rowspan="6">20—36</td><td rowspan="6"></td></tr>
<tr><td>*紧急集合</td><td>紧急集合要领、紧急集合训练</td></tr>
<tr><td>*行军拉练</td><td>行军拉练基本要领、方法，徒步行军实践，宿营</td></tr>
<tr><td>野外生存</td><td>识别和采集野生食物，寻找水源和鉴别水质，野炊</td></tr>
<tr><td>识图用图</td><td>地形图基本知识、地图使用训练</td></tr>
<tr><td>电磁频谱监测</td><td>电磁频谱监测基本知识、方法训练</td></tr>
</table>

注：带*的为必训课目，其余为选训课目；训练日按每天8学时计算。

五、教师发展

军事课教师是完成军事课教学目标的具体执行者和组织者，学校应当按照教学时数和授课学生数量配备相应数量的军事课教师。军队应完善派遣军官制度，按计划派出承训力量，军地双方共同完成军事课教学任务。

军事课教师必须在政治上从严要求，努力提高自身思想素质、军事素质和业务能力，积极参加教学改革和学术研究，不断提高教学质量，开创军事课教学科研工作新局面。

各级教育行政部门、军事部门和普通高等学校应当有计划地安排军事课教师接受继续教育和培训，不断改善知识结构，提高教育教学水平以及学历、学位层次，适应现代高等教育和军事课教学科研需要。

六、教材建设

建立和完善军事课教材建设、规划、编审管理制度。加强普通高等学校军事教学指导委员会建设，规范军事课教材编写和审查。实行教材准入制度。高校应选用优质教材进行教学，确保教材的政策性、权威性和规范性。

七、教学方法

坚持课堂教学和教师面授在军事课教学中的主渠道作用，重视信息技术和慕课、微课、视频公开课等在线课程在教学中的应用和管理。

军事理论教学进入正常授课课堂，严禁以集中讲座等形式替代课堂教学。军事技能训练应坚持按纲施训、依法治训原则，积极推广仿真训练和模拟训练，严禁违规开展商业化运营和市场化运作。

八、课程考核

军事课考核包括军事理论考试和军事技能训练考核，成绩合格者计入学分。学校要建立健全军事课考核规章制度，对考核组织实施程序、方法、标准、要求等进行规范。军事理论考试由学校组织实施，考试成绩按百分制计分，根据卷面成绩、平时作业、考勤情况和课堂表现综合评定。军事技能训练考核由学校和承训教官共同组织实施，成绩分优秀、良好、及格和不及格四个等级。根据学生参训时间、现实表现、掌握程度综合评定。军事课成绩不及格者必须进行补考，补考合格后取得相应学分。

九、教学保障

学校要加强军事课教学的组织保障、经费保障、训练场地保障。军用装备器材由各省军区(卫戍区、警备区)保障;军民通用装备器材由学校保障,纳入政府年度预算和学校经费保障范畴。

十、督导评价

军事课纳入国家教育督导体系,定期组织军事课建设教育督导。各省级教育行政部门会同军事部门成立军事课教学督导机构,制定本地区的评价方案,定期组织军事课程督导评价,充分发挥教育督导评价的导向和激励作用。通过定期举办学生军事训练营等教学展示活动检验军事课教学效果。各学校要建立军事课程评价体系和管理制度,并将军事课程评价纳入学校课程评价总体框架、教学质量年度报告和学校综合办学水平评估。完善高校军事课评价体系,把军事课纳入高校人才培养工作评估体系,作为办学评价的重要指标。

十一、附则

本《大纲》是普通高等学校开展军事课教学的基本依据,也是军事课教学教材建设和教学评价的重要依据。

本《大纲》于 2019 年 8 月起在全国施行。原《普通高等学校军事课教学大纲》(2006 年修订)废止。

中华人民共和国爱国主义教育法(2024版)

第一章　总　则

第一条　为了加强新时代爱国主义教育，传承和弘扬爱国主义精神，凝聚全面建设社会主义现代化国家、全面推进中华民族伟大复兴的磅礴力量，根据宪法，制定本法。

第二条　中国是世界上历史最悠久的国家之一，中国各族人民共同创造了光辉灿烂的文化、共同缔造了统一的多民族国家。国家在全体人民中开展爱国主义教育，培育和增进对中华民族和伟大祖国的情感，传承民族精神、增强国家观念，壮大和团结一切爱国力量，使爱国主义成为全体人民的坚定信念、精神力量和自觉行动。

第三条　爱国主义教育应当高举中国特色社会主义伟大旗帜，坚持以马克思列宁主义、毛泽东思想、邓小平理论、“三个代表”重要思想、科学发展观、习近平新时代中国特色社会主义思想为指导，坚持爱国和爱党、爱社会主义相统一，以维护国家统一和民族团结为着力点，把全面建成社会主义现代化强国、实现中华民族伟大复兴作为鲜明主题。

第四条　爱国主义教育坚持中国共产党的领导，健全统一领导、齐抓共管、各方参与、共同推进的工作格局。

第五条　爱国主义教育应当坚持思想引领、文化涵育，教育引导、实践养成，主题鲜明、融入日常，因地制宜、注重实效。

第六条　爱国主义教育的主要内容是：

(一)马克思列宁主义、毛泽东思想、邓小平理论、“三个代表”重要思想、科学发展观、习近平新时代中国特色社会主义思想；

(二)中国共产党史、新中国史、改革开放史、社会主义发展史、中华民族发展史；

(三)中国特色社会主义制度，中国共产党带领人民团结奋斗的重大成就、历史经验和生动实践；

（四）中华优秀传统文化、革命文化、社会主义先进文化；

（五）国旗、国歌、国徽等国家象征和标志；

（六）祖国的壮美河山和历史文化遗产；

（七）宪法和法律，国家统一和民族团结、国家安全和国防等方面的意识和观念；

（八）英雄烈士和先进模范人物的事迹及体现的民族精神、时代精神；

（九）其他富有爱国主义精神的内容。

第七条　国家开展铸牢中华民族共同体意识教育，促进各民族交往交流交融，增进对伟大祖国、中华民族、中华文化、中国共产党、中国特色社会主义的认同，构筑中华民族共有精神家园。

第八条　爱国主义教育应当坚持传承和发展中华优秀传统文化，弘扬社会主义核心价值观，推进中国特色社会主义文化建设，坚定文化自信，建设中华民族现代文明。

第九条　爱国主义教育应当把弘扬爱国主义精神与扩大对外开放结合起来，坚持理性、包容、开放，尊重各国历史特点和文化传统，借鉴吸收人类一切优秀文明成果。

第十条　在每年10月1日中华人民共和国国庆日，国家和社会各方面举行多种形式的庆祝活动，集中开展爱国主义教育。

第二章　职责任务

第十一条　中央爱国主义教育主管部门负责全国爱国主义教育工作的指导、监督和统筹协调。

中央和国家机关各部门在各自职责范围内，组织开展爱国主义教育工作。

第十二条　地方爱国主义教育主管部门负责本地区爱国主义教育工作的指导、监督和统筹协调。

县级以上地方人民政府教育行政部门应当加强对学校爱国主义教育的组织、协调、指导和监督。县级以上地方文化和旅游、新闻出版、广播电视、电影、网信、文物等部门和其他有关部门应当在各自职责范围内，开展爱国主义教育工作。

中国人民解放军、中国人民武装警察部队依照本法和中央军事委员会的有关规定开展爱国主义教育工作，并充分利用自身资源面向社会开展爱国主义教育。

第十三条　工会、共产主义青年团、妇女联合会、工商业联合会、文学艺术界联合会、作家协会、科学技术协会、归国华侨联合会、台湾同胞联谊会、残疾人联合会、青年联合会和其他群团组织，应当发挥各自优势，面向所联系的领域和群体开展爱国主义教育。

第十四条　国家采取多种形式开展法治宣传教育、国家安全和国防教育，增强公民的法治意识、国家安全和国防观念，引导公民自觉履行维护国家统一和民族团结，维护国家安全、荣誉和利益的义务。

第十五条　国家将爱国主义教育纳入国民教育体系。各级各类学校应当将爱国主义教育贯穿学校教育全过程，办好、讲好思想政治理论课，并将爱国主义教育内容融入各类学科和教材中。

各级各类学校和其他教育机构应当按照国家规定建立爱国主义教育相关课程联动机制，针对各年龄段学生特点，确定爱国主义教育的重点内容，采取丰富适宜的教学方式，增强爱国主义教育的针对性、系统性和亲和力、感染力。

第十六条　各级各类学校应当将课堂教学与课外实践和体验相结合，把爱国主义教育内容融入校园文化建设和学校各类主题活动，组织学生参观爱国主义教育基地等场馆设施，参加爱国主义教育校外实践活动。

第十七条　未成年人的父母或者其他监护人应当把热爱祖国融入家庭教育，支持、配合学校开展爱国主义教育教学活动，引导、鼓励未成年人参加爱国主义教育社会活动。

第十八条　国家机关应当加强对公职人员的爱国主义教育，发挥公职人员在忠于国家、为国奉献，维护国家统一、促进民族团结，维护国家安全、荣誉和利益方面的模范带头作用。

第十九条　企业事业单位应当将爱国主义教育列入本单位教育计划，大力弘扬劳模精神、劳动精神、工匠精神，结合经营管理、业务培训、文化体育等活动，开展爱国主义教育。

教育、科技、文化、卫生、体育等事业单位应当大力弘扬科学家精神和专业精神，宣传和培育知识分子、专业技术人员、运动员等胸怀祖国、服务人民、为国争光的爱国情感和爱国行为。

第二十条　基层人民政府和基层群众性自治组织应当把爱国主义教育融入社会主义精神文明建设活动，在市民公约、村规民约中体现爱国主义精神，鼓励和支持开展以爱国主义为主题的群众性文化、体育等活动。

第二十一条　行业协会商会等社会团体应当把爱国主义精神体现在团体章程、行业规范中，根据本团体本行业特点开展爱国主义教育，培育会员的爱国热情和社会担当，发挥会员中公众人物和有社会影响力人士的示范作用。

第二十二条　国家鼓励和支持宗教团体、宗教院校、宗教活动场所开展爱国主义教育，增强宗教教职人员和信教群众的国家意识、公民意识、法治意识和爱国情感，引导宗教与社会主义社会相适应。

第二十三条　国家采取措施开展历史文化教育和“一国两制”实践教育，增强香港特别行政区同胞、澳门特别行政区同胞的爱国精神，自觉维护国家主权、统一和领土完整。

国家加强对推进祖国统一方针政策的宣传教育，增强包括台湾同胞在内的全中国人民对完成祖国统一大业神圣职责的认识，依法保护台湾同胞的权利和利益，坚决反对“台独”分裂行径，维护中华民族的根本利益。

国家加强与海外侨胞的交流，做好权益保障和服务工作，增进海外侨胞爱国情怀，弘扬爱国传统。

第三章　实施措施

第二十四条　中央和省级爱国主义教育主管部门应当加强对爱国主义教育工作的统筹，指导推动有关部门和单位创新爱国主义教育方式，充分利用各类爱国主义教育资源和平台载体，推进爱国主义教育有效实施。

第二十五条　县级以上人民政府应当加强对红色资源的保护、管理和利用，发掘具有历史价值、纪念意义的红色资源，推动红色旅游融合发展示范区建设，发挥红色资源教育功能，传承爱国主义精神。

县级以上人民政府文化和旅游、住房城乡建设、文物等部门应当加强对文物古迹、传统村落、传统技艺等历史文化遗产的保护和利用，发掘所蕴含的爱国主义精神，推进文化和旅游深度融合发展，引导公民在游览观光中领略壮美河山，感受悠久历史和灿烂文化，激发爱国热情。

第二十六条　爱国主义教育基地应当加强内容建设，丰富展览展示方式，打造精品陈列，为国家机关、企业事业单位、社会组织、公民开展爱国主义教育活动和参观学习提供便利服务，发挥爱国主义教育功能。

各类博物馆、纪念馆、图书馆、科技馆、文化馆、美术馆、新时代文明实践中心等，应当充分利用自身资源和优势，通过宣传展示、体验实践等方式，开展爱国主义教育活动。

第二十七条　国家通过功勋荣誉表彰制度，褒奖在强国建设、民族复兴中做出突出贡献的人士，弘扬以爱国主义为核心的民族精神和以改革创新为核心的时代精神。

第二十八条　在中国人民抗日战争胜利纪念日、烈士纪念日、南京大屠杀死难者国家公祭日和其他重要纪念日，县级以上人民政府应当组织开展纪念活动，举行敬献花篮、瞻仰纪念设施、祭扫烈士墓、公祭等纪念仪式。

第二十九条　在春节、元宵节、清明节、端午节、中秋节和元旦、国际妇女节、国际劳动节、青年节、国际儿童节、中国农民丰收节及其他重要节日，组织开展各具特色的民俗文化活动、纪念庆祝活动，增进家国情怀。

第三十条　组织举办重大庆祝、纪念活动和大型文化体育活动、展览会，应当依法举行庄严、隆重的升挂国旗、奏唱国歌仪式。

依法公开举行宪法宣誓、军人和预备役人员服役宣誓等仪式时，应当在宣誓场所悬挂国旗、奏唱国歌，誓词应当体现爱国主义精神。

第三十一条　广播电台、电视台、报刊出版单位等应当创新宣传报道方式，通过制作、播放、刊登爱国主义题材的优秀作品，开设专题专栏，加强新闻报道，发布公益广告等方式，生动讲好爱国故事，弘扬爱国主义精神。

第三十二条　网络信息服务提供者应当加强网络爱国主义教育内容建

设，制作、传播体现爱国主义精神的网络信息和作品，开发、运用新平台新技术新产品，生动开展网上爱国主义教育活动。

第四章 支持保障

第三十三条 国家鼓励和支持企业事业单位、社会组织和公民依法开展爱国主义教育活动。

国家支持开展爱国主义教育理论研究，加强多层次专业人才的教育和培训。

对在爱国主义教育工作中做出突出贡献的单位和个人，按照国家有关规定给予表彰和奖励。

第三十四条 中央爱国主义教育主管部门建立健全爱国主义教育基地的认定、保护、管理制度，制定爱国主义教育基地保护利用规划，加强对爱国主义教育基地保护、管理、利用的指导和监督。

各级人民政府应当加强对爱国主义教育基地的规划、建设和管理，完善免费开放制度和保障机制。

第三十五条 国家鼓励和支持创作爱国主义题材的文学、影视、音乐、舞蹈、戏剧、美术、书法等文艺作品，在优秀文艺作品评选、表彰、展览、展演时突出爱国主义导向。

第三十六条 国家鼓励和支持出版体现爱国主义精神的优秀课外读物，鼓励和支持开发体现爱国主义精神的面向青少年和儿童的动漫、音视频产品等。

第三十七条 任何公民和组织都应当弘扬爱国主义精神，自觉维护国家安全、荣誉和利益，不得有下列行为：

（一）侮辱国旗、国歌、国徽或者其他有损国旗、国歌、国徽尊严的行为；

（二）歪曲、丑化、亵渎、否定英雄烈士事迹和精神；

（三）宣扬、美化、否认侵略战争、侵略行为和屠杀惨案；

（四）侵占、破坏、污损爱国主义教育设施；

（五）法律、行政法规禁止的其他行为。

第三十八条 教育、文化和旅游、退役军人事务、新闻出版、广播电视、电影、网信、文物等部门应当按照法定职责，对违反本法第三十七条规定的行为及时予以制止，造成不良社会影响的，应当责令及时消除影响，并依照有关法律、行政法规的规定予以处罚。构成违反治安管理行为的，依法给予治安管理处罚；构成犯罪的，依法追究刑事责任。

第三十九条　负有爱国主义教育职责的部门、单位不依法履行爱国主义教育职责的，对负有责任的领导人员和直接责任人员，依法给予处分。

第五章　附　则

第四十条　本法自2024年1月1日起施行。

后　记

本书源于全国优秀博士学位论文作者专项基金项目(项目编号：200981)，在项目研究基础上，我们陆续编著出版国防教育系列图书，初衷是适应新时代大学生国防教育需要，搭建起满足高校国防教育需求的书系。在编著过程中，我们充分领会新时代"加强全民国防教育"的要求，尽量在内容上通俗易懂，形式上便于教学和实际应用，努力将该书系打造成使用更广泛的军事通俗理论读物，希望该书不仅可以满足高等院校师生国防教育需要，也能够满足广大干部群众对国防教育理论和军事技能训练的需要。

经过三年多时间，我们集中对书稿进行研究完善、反复打磨，终于得以成书。在此，感谢家人、朋友的鼓励和支持，是你们在书稿旷日持久的写作修改中给了我们足够信心和持久鼓励，感谢首都师范大学徐惠女士引荐，有幸得到首都师范大学出版社高立平社长的关心支持、陈谦副社长的指导帮助，也感谢责任编辑钱浩、林尧等老师的细心审校。该书系不仅熔铸了我们几十年国防教育研究和实践的心血，也凝聚着大家渴求高质量国防教育用书的殷切期盼。然而，国防教育毕竟任重而道远，承载着新时代泱泱大国屹立于世界民族之林的厚重。因水平和认识有限，书中难免有纰漏，望读者朋友多加指正。

作　者

2022 年 4 月

后 记

本书系[illegible]博士学位论文作者专项基金项目（项目编号：[illegible]）[illegible]

[illegible]